Sommaire

Avant-propos

Ce livre est le prolongement, à un niveau supérieur, de l'ouvrage paru aux Éditions Retz sous le titre *J'apprends l'orthographe*. Il met en œuvre les mêmes idées directrices, mais il ne traite que d'orthographe lexicale.

Les mots ont des aspects remarquables soit dans leur séquence initiale, soit dans leur séquence finale, rarement dans la séquence médiane.
D'où les deux grandes parties de l'ouvrage:

1. Les mots commençant par...
2. Les mots finissant par...

où se trouve illustrée la difficulté majeure du français écrit: un seul son (ou groupe de sons) peut être transcrit par des graphies différentes et parfois nombreuses. La troisième partie regroupe les difficultés relatives aux lettres qui ont des valeurs phonétiques différentes: **c, g, s, x...**
Les mots ou expressions invariables à grand coefficient d'usage sont réunis en fin d'ouvrage.

Les listes de mots sont présentées dans l'ordre et la clarté. Elles sont commandées le plus souvent par les homophonies séquentielles mais parfois aussi par l'étymologie qui est comme l'intelligence de la langue. Elles montrent toutes les graphies possibles relatives à un son ou groupe de sons. La fréquence d'utilisation de ces graphies dans la langue s'impose d'elle-même: la localisation des graphies majoritaires et des graphies minoritaires offre à la mémoire visuelle un support précieux. Dans son effort de recherche, chaque fois que ce sera nécessaire, le lecteur s'y reportera d'un mouvement naturel de pensée. Le processus de tri et de choix se trouvera facilité.

Les séries analogiques présentent un autre avantage: le mot nouveau dont l'orthographe est recherchée ou découverte subit l'attraction des mots déjà connus dans la série. C'est alors l'intégration par association.
Les listes de mots seront lues au gré de l'intérêt et des capacités d'attention du moment. Vouloir lire toute une page pour la retenir à tout prix et sur-le-champ conduirait rapidement à la saturation, et le lecteur serait vite rebuté – repoussé du but à proprement parler.

L'effort doit être fractionné. On pourra se mettre aux exercices oraux puis écrits avant d'avoir épuisé l'étude d'une page, puisque, comme il est dit plus loin, les exercices contribuent à l'étude et peuvent la rendre attrayante.

Les exercices

Comme c'est normal, les exercices sont conçus pour la bonne intégration et la vérification des connaissances récemment acquises. Il est recommandé de les faire par écrit.

Il faut croire à la mémoire visuelle (lecture), à la mémoire auditive (lecture à mi-voix); il faut croire aussi à la mémoire motrice, la mémoire des mouvements très fins requis pour écrire.

Ces exercices sont de plusieurs types.
– Les premiers obligent le lecteur à faire appel à ses connaissances anciennes ou récentes; ils peuvent l'amener à revoir les listes de mots pour une imprégnation meilleure.
– Les seconds exigent l'intervention d'une logique simple. Ils font quelquefois référence à la pratique langagière.
– Les suivants se présentent sous forme de jeux qui demandent astuce, esprit d'observation, et, toujours, la prise en compte des acquisitions du moment.
– Nous avons voulu mettre aussi à la disposition des parents et des enseignants des exercices à trous qui sont en réalité des textes pouvant servir de dictées de contrôle ou de dictées préparées.
– La série d'exercices se termine souvent par une invitation faite au lecteur: jouer avec les mots.

Les mots sont faits pour exprimer, pour servir les idées; ils peuvent aussi être un point de départ de la pensée, et leur combinaison forcée, un peu conventionnelle débouche alors sur une expression voulue cocasse, quelquefois surréelle. Le lecteur devrait trouver dans cette séquence les satisfactions propres à la création sans prétention.

Conseils pédagogiques

On s'accorde à reconnaître que le niveau en orthographe pourrait être amélioré par une pratique plus assidue de la lecture. La consultation régulière et soutenue des listes de mots vise à multiplier l'expérience lexicale. Elle devrait cultiver le sens des analogies, le sentiment du déjà vu, une facilité à écrire spontanément et correctement. Cet ouvrage présente la particularité de regrouper, autour du mot de base, les mots de la même famille, dérivés et composés. Les listes ne sont pas exhaustives, finies : certains mots n'y ont pas trouvé place parce qu'ils appartiennent à la langue savante, ou parce qu'ils sont peu fréquemment utilisés.
Il est aussi de ceux qui se feuillettent (comme les dictionnaires) avec bonne volonté et patience. Chaque consultation doit être l'occasion d'exercer sa curiosité, son esprit d' observation sa compréhension des rapports que l'orthographe peut avoir parfois avec la structure et l'histoire des mots (origine grecque ou latine).
Les listes de mots proposées se prêtent mal à l'étude mécanique et systématique fondée exclusivement sur la mémoire.

POUR BIEN TRAVAILLER AVEC CET OUVRAGE

Première démarche

1. Prendre connaissance des listes de mots pendant quelques minutes en lisant attentivement.

2.Ne pas s'attarder sur le sens de tel ou tel mot. Le dictionnaire sera consulté plus tard.

3. Essayer de trouver des mots pour lesquels l'analogie orthographique est très marquée : amarre, tintamarre; cellule, libellule; ou des mots homophones : pomme, paume; cour, cours, court, courre.
- Epeler les graphies les plus usuelles, les graphies les plus rares.
- Se souvenir si tel ou tel mot n'a pas été déjà vu dans une autre page.
- Ajouter des mots aux séries proposées, exercice qui renforce l'imprégnation.
- Repérer les rares mots qui dans une liste se différencient par leur genre.

4. Essayer de déduire une règle quand il y en a une possible.

5. Faire des exercices.

Seconde démarche
(à l'intention des enseignants ou des formateurs.)

Livres fermés

L'enseignant propose un son ou un groupe de sons qui fera l'objet de l'étude du jour. Il écrit au tableau toutes les graphies possibles. (Variante : une graphie assez rare peut être volontairement oubliée.)
Les étudiants sont invités à écrire les mots qui leur viennent à l'esprit en honorant si possible toutes les graphies proposées.
Le professeur passe entre les tables et barre les mots présentant une erreur.

Livres ouverts

1. Les étudiants effectuent une auto-correction rapide. (Variante : qui a trouvé la graphie oubliée ?)

2. Une lecture des listes est demandée pour prendre connaissance des mots qui n'ont pas été trouvés.

3. Le travail se poursuit par la recherche des analogies orthographiques, des homophones.
- Les graphies usuelles comme les plus rares sont repérées.
- L'invitation est faite aux étudiants de rechercher des mots qui n'ont pas leur place dans les listes (dans le cas de mots trop nombreux dans une graphie donnée ou de quelques mots savants assez connus mais écartés...).

4. Une «règle» peut être définie quand cela est possible.

5. Les exercices peuvent être abordés.

Alphabet phonétique international (API)

Les consonnes

on entend les sons	**par exemple :** dans les mots
[j]	yeux -paille – pied
[w]	oui – noix – fouet –
[ɥ]	bruit – muet
[p]	pipe
[t]	toit
[k]	cou – équipe – écho – képi
[b]	bonnet
[d]	debout
[g]	gazon – bague
[f]	feu – photographie
[s]	si – tasse – place – maçon – action
[ʃ]	chat
[v]	voix
[z]	gazon – prison
[ʒ]	jupe – bougie – plongeon
[l]	long – allonger
[ʀ]	roue – arrondir
[m]	mouton – femme
[n]	noix – tonne
[ɲ]	agneau

Remarques: Les sons [j], [w], [ɥ], figurent dans le tableau des consonnes parce qu'ils «sonnent avec» la voyelle qui suit.
On ne dit pas : pi-ed [pi-e], on dit : pied [pje]
On ne dit pas : fou-et [fu-ɛ], on dit : fouet [fwɛ] ou [fwe].
On ne dit pas : bru-it [bʀy-i], on dit : bruit [bʀɥi]

Les voyelles

on entend les sons	**par exemple :** dans les mots
[a]	carte – femme – évidemment
[a] ou [ɑ][1]	gâteau – repas
[ɑ̃]	franc – entendre
[ə]	demain – pelote
[ø]	feu – pose-le
[œ]	beurre – œuf – feuille
[œ̃]	aucun – parfum – à jeun
[i]	gymnastique
[o]	bravo – gâteau – automobile
[ɔ]	sortir – album
[ɔ̃]	plonger – compter
[y]	lune – j'ai eu
[u]	cou – roue
[e]	clé – chanter
[ɛ]	tête _ certaine – neige
[ɛ̃]	lapin – rien – faim

1. Selon les habitudes de prononciation.

PREMIÈRE PARTIE

LES MOTS COMMENÇANT PAR...

Avec un **h** à l'initiale, **ab** ne prend jamais **2 b**

Attention aux liaisons dangereuses : **h** initial est presque toujours aspiré

Un seul mot commence par **sif** avec **1 f** : le sifilet

Ire partie
Les mots commençant par ...

Ecrire les mots commençant par **ab** devient très facile

Les mots commençant par **ab, abb, hab**

On écrit

ab

un abaque	abject (e)	abaisser
un abat-jour	abominable	abandonner
des abats	aborigène	abasourdir
un abat-son	abortif (ive)	abattre
un abattis	abracadabrant (e)	abêtir
un abat-vent	abrasif (ive)	abhorrer
un abcès	abrupt (e)	abîmer
une abcisse	abscons (e)	abjurer
une abdication	absolu (e)	abonner
un abdomen	abstrait (e)	aborder
un abécédaire	absurde	abouter
une abeille	abyssal (e)	aboutir
une ablation		aboyer
une ablution		abréger
l'abnégation		abreuver
abois (être aux)		abroger
l'abolition		abrutir
l'abondance		absorber
un abord		s'abstenir
l'aboulie		abuser
une abréviation		
un abri		
un abricot		
l'absence		
une abside		
l'absolution		

▸ *et les mots de leur famille ainsi que d'autres mots plus savants*

abb

une abbaye
un abbé
une abbesse
abbatial (e, aux)

hab

habile
l'habileté
une habilitation
habiliter
l'habillage
l'habillement
habiller
un habilleur (euse)
un habit
l'habitabilité
habitable
un habitacle
un habitant
l'habitat
une habitation
habiter
une habitude
habitué (e)
habituel (le)
habituer
une hâblerie
un hâbleur (euse)

Retenir

Les mots commençant par **ab** ou **hab** ne prennent que **1 b.**
Exceptions : abbé et les mots de sa famille (et quelques mots plus savants).

1

SÉLECTIONNER dans les listes de mots de la page précédente ceux dont l'orthographe paraît difficile à retenir et les positionner comme sur le modèle. Rechercher leur signification dans le dictionnaire.

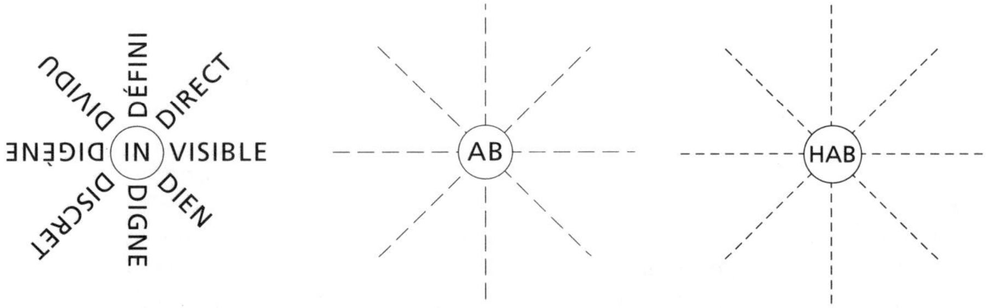

2

RECHERCHER dans les deux listes 7 mots écrits deux fois. Quelle phrase peut-on faire avec ?

a) abcès – abbaye – absurde – travail – panier – un – père – habit – supérieur – abreuver – le – est – poulet – habile – cahier – d'une – abonner – abbé – abricot.

b) courage – abréger – le – aboyer – est – chien – mère – un – abbesse – habitude – abats – supérieur – ablette – d'une – abracadabrant – abbé – abhorrer – abuser – abbaye.

3

REPLACER dans la grille de mots croisés les mots ci-dessous (horizontalement et verticalement).

ABÉCÉDAIRE	ABONDANCE
ABATTIS	ABEILLE
ABOUTIR	ABRICOT
ABBAYE	ABÊTIR
ABRUPT	ABATS
ABCÈS	ABBÉ
ABRI	COUR
JOUE	JEU

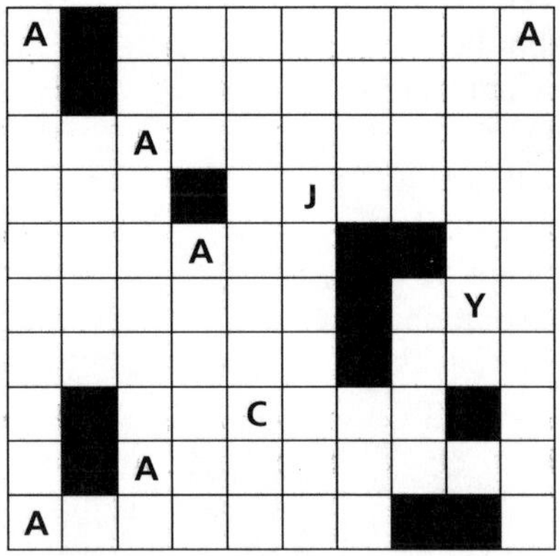

JEU DE MOTS Composer une phrase insolite en utilisant les mots des listes.
Exemple : Une abeille affectée d'un abcès faisait ses ablutions en habit de cérémonie.

Les sons [ak]

Sur les quatre graphies des sons [ak], une est nettement majoritaire : **acc**

Les mots commençant par **ac, acc, aqu, acqu**

On écrit

acc		ac	aqu	acqu
accabler	un accablement	un acacia	l'aquarelle	un acquéreur
accaparer	un accaparement	une académie	un aquarium	acquérir
accéder (à)	accessible	un acajou	aquatique	les acquêts
accélérer	une accélération	acariâtre	un aqueduc	un acquis
accentuer	un accent	des acariens	aqueux (euse)	une acquisition
accepter	une acceptation	l'acné	un aquiculteur	
accidenter	un accident	un acolyte	ou aquaculteur	pour acquit
acclamer	une acclamation	un acompte	aquifère	acquitter
acclimater	une acclimatation	acoquiner (s')	dérivés du mot	un acquittement
accoler	une accolade	l'acoustique	latin *aqua :* eau	
accommoder (s')	un accommodement	âcre		acquiescer
accompagner	un accompagnateur	un acrobate	aquilin (un nez)	
accomplir	un accomplissement	un acrostiche	l'aquilon	
accorder	un accord	un acte	aquitain (e)	
accoster	un accostage	activer		
accoter (s')	un accotement	l'actualité		
accoucher	un accouchement	l'acuité		
accouder (s')	un accoudoir	l'acuponcture		
accoupler (s')	un accouplement	ou acupuncture		
accourir				
accoutrer (s')	un accoutrement			
accoutumer (s')	l'accoutumance			
accrocher (s')	un accroc			
accroître	l'accroissement			
accroupir (s')	un accroupissement			
accueillir	l'accueil			
accumuler	une accumulation			
accuser (s')	une accusation			

▸ *et les mots de leur famille ainsi que d'autres mots plus savants*

Retenir

Les mots commençant par **ac** s'écrivent généralement **acc,** mais on écrit aussi **ac, aqu** ou **acqu.**
Remarque : quelques mots commençant par les sons [aks] s'écrivent **acc.**
Exemples : accepter, accélérer, un accessoire.

1

EFFECTUER les bonnes liaisons. Contrôler à l'aide du dictionnaire.

peinture à l'eau •	• acajou
« cage » pour poissons •	• accroc
canal pour conduire l'eau •	• aquarelle
déchirure faite à un vêtement •	• aquarium
partie d'un paiement •	• aqueduc
arbre dont le bois est rouge foncé •	• acompte
traitement médical utilisant des aiguilles •	• acupuncture

2

TROUVER les 10 mots commençant par **ac** ou **acc** cachés dans cette grille.
Ils peuvent être écrits dans tous les sens : ↔ ↕ ⤢ ⤡

A	A	A	C	C	O	R	D	U	L
C	C	C	X	Y	I	Z	M	I	P
A	C	C	R	O	C	D	E	R	E
C	O	O	O	W	H	U	V	T	Q
I	U	L	G	S	C	J	A	F	N
A	D	A	P	C	T	B	S	T	V
Q	O	D	A	Z	O	A	C	R	E
P	I	E	N	R	I	C	G	L	B
C	R	V	C	A	Y	N	Z	E	S
D	B	A	H	L	P	E	R	S	F

3

COMPLÉTER les mots tronqués.

La fête aérienne

Enfin le grand jour est arrivé. André, ……ompagné de ses parents, a pu se rendre jusqu'au terrain où les avions attendaient de prendre leur envol. Une hôtesse d'……ueil conduit le garçon et les siens à leur place. Déjà, au-dessus des spectateurs ……ourus de toutes parts, les pilotes dessinaient les ……robaties les plus folles : descente en vrille, looping, piqué, tonneau, vol sur le dos. Les …… lamations crépitaient. A l'entr……, André, avec l' …… ord de ses parents, a approché les beaux appareils. « Il serait fou, se dit-il, d'imaginer pouvoir ……érir un jour une de ces merveilles ! »

Les sons [ad]

Les exceptions en **add** sont suffisamment rares pour être sues par cœur

Les mots commençant par **ad, add**

On écrit

ad			add
un adage			additif
adagio			addition
Adam			additionnel (le)
une adaptation	adapter	adaptable	additionner
un (e) adepte			
une adéquation		adéquat (e)	adducteur
			adduction
une adhérence	adhérer	adhérent (e)	
une adhésion		adhésif (ive)	
adieu			
l'adiposité		adipeux (se)	
un adjectif			
une adjonction	adjoindre	adjoint (e)	
un adjudant			
une adjudication	adjuger	adjudicatif (ive)	
une adjuration	adjurer		
un adjuvant		adjuvant (e)	
l'administration	administrer	administratif (ive)	
l'admiration	admirer	admirable	
une admission	admettre	admissible	
une admonestation	admonester		
l'adolescence	adonner (s')	adolescent (e)	
une adoption	adopter	adoptable, adoptif (ive)	
l'adoration	adorer	adorable	► *et les mots de leur famille ainsi que d'autres mots plus savants*
un adossement	adosser (s')		
l'adoubement	adouber		
l'adoucissement	adoucir		
une adresse	adresser	adroit	
l'adulation	aduler	adulé	
un (e) adulte		adultère	
un adverbe		adverbial (e, aux)	
un adversaire			
l'adversité		adverse	
	advenir		

Retenir
Les mots commençant par **ad** ne prennent que **1 d.**
Exceptions : addition et les mots de sa famille, adducteur, adduction. (Il y a d'autres exceptions plus savantes.)

1

CLASSER en deux colonnes : « verbe + nom » et « verbe + adjectif » les couples de mots. Éviter les pièges.

adapter adaptable	adhérence adhérer	adjoint adjoindre	admiration admirer
administration administrer	admettre admissible	adolescent adolescence	additionner addition
adverbe adverbial	adopter adoption	adresser adroit	adoration adorer

2

RECHERCHER dans les listes de mots ceux qui peuvent être croisés avec le mot administration.
Utiliser le dictionnaire pour connaître leur signification.

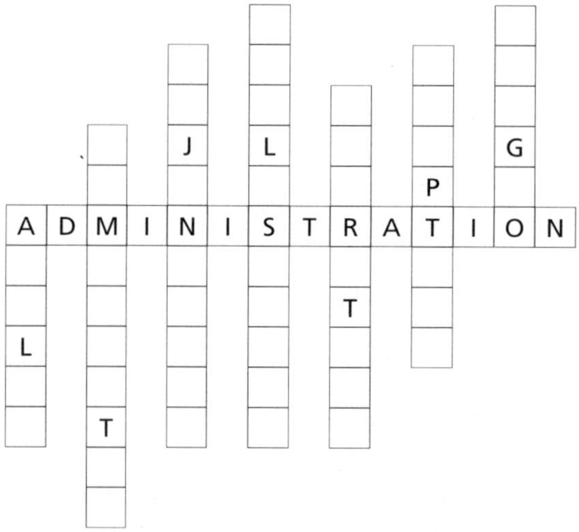

3

AJOUTER les voyelles qui manquent à ces mots.

un adversaire – un adjudant – un adultère – une adjonction – un adoubement – une adoption – une adhésion – adieu

Les sons [af], [ɛf] ou [ef], [of] ou [ɔf]

Les mots commençant par **af, aff, ef, eff, of, off**

Curieusement, la transcription des sons la plus simple est aussi la plus rare

On écrit

aff

affaiblir
affairer
affaisser (s')
affamer
affermir
afficher
affilier

affiner
affirmer
affleurer
affliger
affluer
affoler (s')
affranchir (s')

affréter
affrioler
affronter
affubler
affûter

une affaire
une affectation
une affection
affectueux (euse)
les affres
affreux (euse)
un affût

af

afin de...
africain (e)
afro (*coupe de cheveux*)

▸ *et les mots de leur famille ainsi que d'autres mots plus savants*

eff

effacer
effarer
effaroucher
effectuer
effeuiller
effleurer
effiler

effilocher
effondrer (s')
s'efforcer
effrayer (s')
effriter (s')

effervescent
un effet
efficace
une effigie
efflanqué (e)
un effluve
un effort

une effraction
une effraie
effréné (e)
l'effroi
effronté (e)
effroyable
une effusion

ef

éfaufiler (*tirer les fils d'un tissu*)
éfourceau (*sorte de chariot servant au transport du bois*)

▸ *et les mots de leur famille ainsi que beaucoup d'autres mots*

off

offenser
offrir
offusquer

une offense
offensif (ive)
officiel
un office

un officier
officieux
officinal (e, aux)
une offrande
une offre
une offset (*machine servant à imprimer*)

of

un oflag (*camp de prisonniers réservé aux officiers en Allemagne durant la guerre de 1939-1945*)

▸ *et les mots de leur famille*

Retenir
Les mots commençant par les sons [af], [ɛf] ou [ef], [of] ou [ɔf] prennent **2 f.**
Exceptions : afin de, africain, afro, éfaufiler, éfourceau, oflag, ophtalmologiste, aphte, aphone, éphèbe, éphélide, éphémère et quelques mots plus savants.

1

EFFECTUER les bonnes liaisons. Contrôler à l'aide du dictionnaire.

un aphte •	• don volontaire
une offrande •	• être sans voix
aphone •	• angoisse, tourment, torture
une effraie •	• petite lésion dans la bouche
les affres •	• médecin des yeux
un ophtalmologiste •	• sorte de chouette
une effigie •	• image d'une personne
un oflag •	• camp de prisonniers

2

RECONSTITUER 10 mots avec les syllabes données.

AF – FEC – FRAC – EF – OF – FI – AF – TION – CIER – EF – AF – OF – FÛT – TION – EF – FORT – FI – OF – CI – NE – FRAIE – FAIRE – FRAN – GIE – FI – EF – DE – TA

3

COMPLÉTER les mots tronqués. dictée

Dans la vieille ville

Tout un pan du vieil immeuble s'est eff...ondré hier. Les pompiers aff...irment qu'il s'agit de l'explosion d'un chauffe-eau. Les responsables de la mairie sont venus constater les dégâts. Comme il n'est pas question d'eff...ectuer des réparations, ils ont off...ert aux locataires sinistrés de les reloger dans des HLM. Certains sont des af...ricains attirés chez nous par la promesse d'une vie meilleure.

4

FORMER des mots avec chacune des syllabes des mots proposés.

AF FREUX

AF FEC TUEUX

VI TA MINE

POR TION

AF FEC TA TION

EF FA CER

EF FI GIE

Les sons [ag], [al]

Les mots commençant par **ag, agg, hag, al** (suivi d'un son-voyelle), **all**

On écrit

ag			agg	hag
agacer	agripper (s')	agréable	aggraver	l'adjectif *hagard (*farouche, effaré*) prend un h aspiré
agrafer	aguerrir	l'agrégation	agglomérer	
agrandir	aguicher	des agrès	agglutiner	
agréer		agricole		
agréger	une agate	l'agriculture		
agrémenter	l'agonie	des agrumes		
agresser	agraire	aguets (être aux)		

▸ *et les mots de leur famille et quelques mots plus savants*

Retenir
Les mots commençant par **ag** ne prennent que **1 g.**
Exceptions : aggraver, agglomérer, agglutiner et les mots de leur famille.

al (suivi d'un son-voyelle)

On écrit

al			all	
alarmer (s')	un alambic	un (e) aliéné (e)	allaiter	une allée
alerter	aléatoire	un alinéa	allécher	l'allégresse
aligner (s')	une alèse ou alaise	alors	alléger	allemand
alimenter (s')		une alose	alléguer	allergique
aliter (s')	un alevin	une alouette	aller (s'en)	une alliance
alourdir (s')	un alibi	l'aloyau	allier (s')	un alligator
alunir	un alizé	l'aluminium	allonger (s')	allô ! ou allo !
			allouer	une allocation
			allumer (s')	une allocution
				une allure
				une allusion
				une alluvion

▸ *et les mots de leur famille ainsi que d'autres mots plus savants*

1

RETROUVER dans la grille tous les mots de la liste.
Ils peuvent être écrits dans tous les sens : ↔ ↕ ⤢ ⤡

AGGRAVER
AGGLOMÉRER
AGGLUTINER
AFIN
AFRIQUE
ÉFAUFILER
OFLAG
OPHTALMOLOGISTE
APHTE
ADDITION
AQUARIUM
ACQUÉRIR
ACQUITTER
ABBÉ
ABBAYE.

I	A	E	F	R	E	N	I	T	U	L	G	G	A	H
O	F	G	K	M	U	T	S	L	T	U	A	A	G	Z
F	R	N	G	W	A	V	B	F	R	K	B	O	G	A
G	I	R	L	R	J	Y	R	I	X	Q	B	R	L	Q
H	Q	O	H	O	Y	X	R	E	P	Z	A	C	O	U
M	U	T	E	N	N	E	Y	A	I	S	Y	P	M	A
E	E	B	P	A	U	Z	R	D	W	A	E	Q	E	R
F	B	H	R	Q	B	C	M	D	L	G	M	S	R	I
A	C	D	C	O	R	E	L	I	F	G	A	F	E	U
U	W	A	C	Q	U	I	T	T	E	R	C	D	R	M
F	H	R	T	P	D	G	K	I	F	A	E	A	V	U
I	T	S	U	G	Q	H	E	O	G	V	T	P	B	Y
L	S	V	A	N	R	I	L	N	X	E	O	H	V	C
E	K	L	D	I	V	D	H	W	F	R	T	T	Y	D
R	F	B	H	F	Z	I	F	K	T	Z	A	E	O	X
O	P	H	T	A	L	M	O	L	O	G	I	S	T	E

JEU DE MOTS Composer une ou deux phrases en utilisant les mots des listes.
Exemple : La situation de l'apiculteur s'**aggrava** lorsque les abeilles s'**agglomérèrent** en une masse compacte et s'**agglutinèrent** sur son visage.
Cette phrase permet de mémoriser les mots dont l'orthographe est particulière.

Les sons [al], [am]

Les mots commençant par **hal, hall, am, amm, ham, hamm**

On écrit

hal

le *hâle
*hâlé (e)
*haler (*tirer sur*)
*hâler (*brunir*)
l'haleine
*haletant
un *halètement

*haleter
un *haleur
un halo
halogène
un *hâloir (*sert à l'affinage des fromages*)

une halte
un haltère
un haltérophile
le *halva (*confiserie orientale*)

* *h aspiré*

hall

une *halle
le *hallage
l'hallali
une *hallebarde
un *hallebardier
le *hallier
hallucinant (e)

une hallucination
hallucinatoire
halluciné (e)
halluciner
hallucinogène

▸ *et quelques mots plus savants*

am

amadouer
amaigrir
amalgamer
amarrer
amasser
améliorer
aménager
amender (s')
amener
amenuiser
américaniser
amerrir
ameublir
ameuter
amidonner
amincir
amocher
amoindrir (s')
amollir (s')

amonceler
amorcer
amortir
amouracher (s')
amuser (s')

l'amabilité
l'aman
une amandaie
une amande
un amandier
un (e) amant (e)
un amateur
une amazone
amazonien (ne)
une âme
une amende
l'aménité
l'amertume

une améthyste
un ameublement
un (e) ami (e)
amiénois (e)
un amiral
l'amitié
l'amont
l'amoralité
une amygdale

amarante
amen
amène
amer (ère)
amèrement
amiable
amical (e, aux)
amoral (e, aux)
amovible

▸ *et les mots de leur famille et quelques mots plus savants*

amm

l'ammoniac (*gaz à odeur piquante*)
l'ammoniaque (*eau + gaz d'ammoniac*)

ham

un *hamac
la *hamada
l'hamamélis
un *hameau
un hameçon
le *hamster

hamm

le *hammam

* *h aspiré*

Retenir
Un *h aspiré* interdit la liaison.
Exemples : les *hamacs – les‿hameçons.
Les mots commençant par **am** ou **ham** ne prennent que **1 m.**
Exceptions : ammoniac et les mots de sa famille, hammam et quelques mots plus savants.

1

ÉCRIRE pour chaque verbe au moins deux mots de la même famille.

amaigrir – l'amaigrissement – maigre
amarrer – une amarre – la mer
améliorer – l'amélioration – meilleur
aménager – l'aménagement – ménage
amender – l'amende – amendement
américaniser – américain – Amérique
amerrir – mer – marine
amidonner – amidon – amidonnage
amincir – mince – minceur
amortir – l'amortisseur l'amortissement

2

RETROUVER les voyelles des mots ci-dessous.

• m • gd • l • – • mm • n • • q • • – h • mst • r – • m • th • st • – • m • v • bl • – h • mm • m – • m • t • • – h • m • • • – h • lt • r • ph • l • – h • ll • c • n • t • • n

3

REPÉRER dans la liste 9 mots écrits deux fois.
Quelle phrase peut-on faire avec ?

amont – hammam – aman – dans – amarante – un – amende – on – amerrir – amen – prend – amabilité – des – âme – amateur – bains – amertume – de – amiral – vapeur – amortir – vapeur – amollir – de – s'amuser – amincir – bains – amoral – des – aménité – prend – amorcer – ammoniac – on – hammam – amiénois – dans – ameuter – un – amer

Huit verbes ne prennent que **1 p,** leur liste est aisée à mémoriser

Les mots commençant par **ap, app, happ**

On écrit

ap

apaiser (s')
apercevoir (s')
apeurer
apitoyer (s')
aplanir
aplatir (s')
apostropher
apurer

apache
un apanage
un aparté
l'apartheid
l'apathie
un apatride
un apéritif
l'apesanteur
apétale
un apiculteur
un apiéceur
l'aplomb
une apnée
l'apocalypse
l'apogée
apolitique
l'apothéose
un apôtre
âpre
après
après-midi
apte
l'aptitude

Apollon

app

appairer
apparaître
appareiller
apparenter (s')
apparier (s')
appartenir
appâter
appauvrir (s')
appeler (s')
appesantir (s')
applaudir
appliquer (s')
appointer
apponter
apporter
apposer
apprécier
appréhender
apprendre
apprêter
apprivoiser
approcher
approfondir
approprier (s')
approuver
approvisionner
appuyer (s')

l'apparat
un appartement
appassionato
un appeau
un appendice
un appentis
l'appenzell
l'appertisation
l'appétit
une approximation

happ

un happening (*spectacle d'origine américaine*)

happer

un happy end (*dénouement heureux d'une histoire, d'un film...*)

▸ *et les mots de leur famille ainsi que d'autres mots plus savants*

Retenir
Appétit s'écrit avec **2 p ;** apéritif n'en a qu'un.

1

TROUVER un mot de la même famille (nom, verbe ou adjectif).
Exemple : appauvrir → pauvre

appairer – ....
apparenter – ....
appesantir – ....
apprendre – ....
appointer – ....
apporter – ....
apposer – ....
approcher – ....
approvisionner – ....

2

RETROUVER dans la grille tous les mots de la liste (horizontalement et verticalement).

APERCEVOIR
APITOYER
APLANIR
APAISER
APLATIR
APEURER
PAPE
APLOMB
APPÂT
ÂPRE
APPRIS
APTE
APPÉTIT
APÉRITIF
POINT
PONT

A	P	E	R	C	E	V	O	I	R
P	A	P	A	I	S	E	R	X	Z
I	P	A	P	E	A	P	P	Â	T
T	L	P	L	A	P	L	O	M	B
O	A	E	A	P	E	A	P	T	E
Y	N	U	T	P	R	P	O	N	T
E	I	R	I	E	I	P	I	X	V
R	R	E	R	T	T	R	N	Y	Z
Â	P	R	E	I	I	I	T	W	K
K	T	C	V	T	F	S	T	R	C

JEU DE MOTS Cette phrase permet de mémoriser 7 verbes qui s'écrivent avec **1 p.**

Ayant **aperçu** son chien **apeuré**, **aplati** derrière un buisson, le chasseur l'**apostropha** rudement d'abord puis il l'**apaisa** en s'**apitoyant** sur ses multiples blessures ; mais ses difficultés n'étaient pas **aplanies** pour autant : comment le transporter chez un vétérinaire ?

Construire une phrase en utilisant plusieurs mots des listes.

Les sons [aR]

> Toujours un seul **r** pour les mots commençant par **har**

Les mots commençant par **arr, ar, har**

On écrit

arr		ar		har
arracher	un arrachage		un ara	*hara-kiri
arraisonner	un arraisonnement	arabiser	un Arabe	une *harangue
arranger	un arrangement		l'arabica	un *haras
arrenter (*donner à rente*)			une arachide	un *harem
			une araignée	un *hareng
arrérager	des arrérages		l'araire	un *haricot
arrêter	une arrestation	araser	un arasement	une *haridelle
	un arrêt		aratoire	la *harissa
arriérer	l'arrière		une arène	haro
arrimer	un arrimage		un aréopage	un *haruspice ou aruspice (*devin*)
arriver	un arrivage		une arête	
	une arrivée		un aria	
arroger (s')	l'arrogance		aride	*haranguer
arrondir (s')	un arrondissement		un aristocrate	*harasser
arroser	un arrosoir		l'arithmétique	
		aromatiser	un arôme (*parfum*)	** h aspiré*
	des arrhes		un arum (*plante*)	▸ *et les mots de leur famille ainsi que d'autres mots plus savants*

Retenir

Suivi d'un son voyelle, le groupe de sons [aR] s'écrit **arr** dans la majorité des verbes et les mots de leur famille.
Exceptions : arabiser, araser, aromatiser; les mots commençant par **har** : haranguer, harasser, et les mots de leur famille.

1

RECONSTITUER 10 mots pris dans les listes de la page précédente avec les syllabes et les lettres données.

A – TE – HA – GE – A – QUE – HA – SA – AR – CE – AR – GAN – AR – RE – HA – LE – A – COT – A – CA – BI – RIS – RI – O – TI – RITH – PA – TO – RÉ – RA – CRA – MÉ – RI – DEL – RIS – RIÉ – RO – SOIR – RO

2

COMPLÉTER avec les mots des listes de la page précédente dont l'orthographe paraît difficile à retenir. Rechercher leur signification à l'aide du dictionnaire.

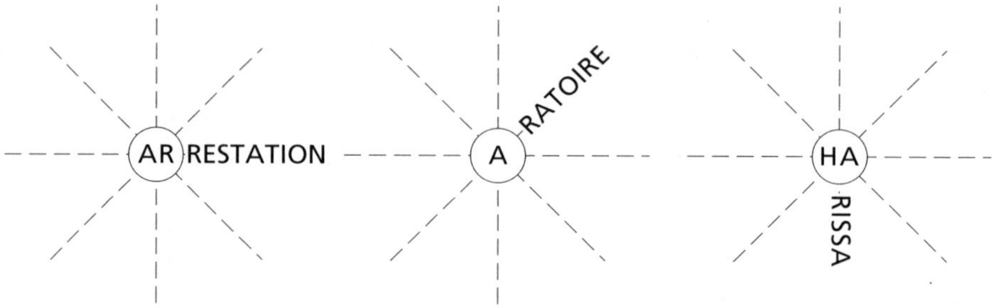

3

COMPLÉTER les mots du texte.

Le jardinage

Les saisons rythment les travaux du jardin. Aux labours succèdent les semis, les plantations. Pour avoir les allées propres, l'arrachage des mauvaises herbes ne connaît pas d'arrêt. A la saison chaude, l'arrosage régulier est indispensable. Pucerons, cochenilles, araignées et autres insectes nuisibles doivent être éliminés. Que de soins à donner ! Mais dès l'arrivée du printemps et tout au long de l'été, l'arôme et la beauté des fleurs récompensent des efforts fournis.

Les sons [el], [ɛl]

Les mots commençant par **él, hél, ell, hell**

> A part **elle** et **hello** !
> les mots prenant **2 l**
> n'appartiennent pas au
> vocabulaire courant

On écrit

él

élaborer	l'élaboration	
élaguer	l'élagage	
élancer	un élancement	
s'élancer	un élan	élancé (e)
élargir	un élargissement	
	un élastique	élastique
électrifier	l'électricité	électrique
	l'électrification	
électriser		électrisant (e)
	un électrocardiogramme	
électrocuter	une électrocution	électroacoustique
	un électrolyte	
	l'électroménager	électrodomestique
		électrogène
	l'électronique	électronique
	un (e) électro-technicien (ne)	électronucléaire
	l'électrotechnique	électroportatif (ve)
	l'élégance	élégant (e)
	un élément	élémentaire
	un éléphant	éléphantin (e)
élever	un élevage	
	un élève	
	un (e) éleveur (euse)	
éliminer	une élimination	éliminatoire
élire	un (e) électeur (trice)	
	une élection	élu (e)
	l'électorat	
	l'éligibilité	éligible
	l'élite	
	un élixir	
	l'élocution	
	un éloge	élogieux (euse)
éloigner	l'éloignement	éloigné (e)
	l'éloquence	
élucider	l'élucidation	

hél

hélas !
héler
une hélice
l'hélix (*escargot*)
un (e) héliciculteur (trice)
l'héliciculture
un hélicon
un hélicoptère
une héligare
un héliport
un hélitreuillage
l'hélium (*gaz*)
un héliographe
l'héliogravure
l'héliothérapie
un (e) Helvète (*Suisse*)
helvétique

ell

elle (s)
un ellébore
ou hellébore (*plante qui fleurit en hiver*)
une ellipse
ellipsoïdal (e, aux)
elliptique
elliptiquement

hell

un (e) Hellène (*de la Grèce ancienne*)
l'hellénisme
un (e) helléniste
ou hellénisant (e)
hello !

Retenir
Les mots commençant par les sons [el] ou [ɛl] s'écrivent avec **1 l.**
Exceptions : elle, ellébore, ellipse (et les mots de sa famille), hellène (et les mots de sa famille), hello !

1

ÉCRIRE le verbe correspondant aux mots ci-dessous.

une élection	–	un élan	– ....
l'électricité	–	un élancement	– ....
l'électrification	–	une élucidation	– ....
l'électrocution	–	un éloignement	– ....

2

CLASSER en deux colonnes : « verbe + adjectif » et « nom + adjectif » les couples de mots ci-dessous. Éviter les pièges.

élire éligible	élan élancé	électrifier électrisant	électroaimant électrique
éloquence éloquent	élimination éliminatoire	électronique électronique	élever élevage
élastique élastique	élire élu	éloigner éloigné	élucider lucide

3

RETROUVER dans la grille les mots de la liste. Ils peuvent être écrits dans tous les sens : ↔ ↕ ⤢ ⤡

ELDORADO
ÉLECTORAT
ÉLECTRODE
ÉLÉPHANTEAU
HÉLICOPTÈRE
HÉLICE
ÉLOGE
ÉLOCUTION
ELLIPSE
HELLÈNE

E	H	E	L	I	C	O	P	T	E	R	E
L	E	E	H	K	L	V	S	H	V	Z	L
E	L	E	L	O	C	U	T	I	O	N	E
C	L	Y	R	I	S	H	O	B	C	D	P
T	E	R	S	T	C	D	V	X	Y	Z	H
O	N	H	B	C	A	E	L	O	G	E	A
R	E	D	K	R	J	V	T	R	B	D	N
A	X	Z	O	V	T	R	S	K	H	C	T
T	E	D	O	R	T	C	E	L	E	V	E
E	L	L	I	P	S	E	T	B	R	B	A
E	H	V	X	L	T	H	K	R	T	L	U

Les sons [im]

Quand on aura remarqué que les exceptions en **im** s'ordonnent principalement autour de deux verbes, leur mémorisation en sera facilitée

Les mots commençant par **im, imm**

On écrit

imm

	immaculé (e)
	immatériel (le)
immatriculer	une immatriculation
	immature
	immédiat (e)
	immémorial (e, aux)
	l'immensité
	immérité (e)
immerger	une immersion
	un immeuble
immigrer	l'immigration
	imminent
s'immiscer	une immixtion
	l'immobilier
immobiliser	une immobilisation
	immodéré (e)
immoler	une immolation
	immonde
	une immondice
	l'immoralité
immortaliser	l'immortalité
	immotivé (e)
	immuable
immuniser	l'immunisation
	l'immunité

im

imaginer (s')	une image
	imagé (e)
	une imagerie
	un (e) imagier (ière)
	imaginable
	l'imaginaire
	imaginatif (ive)
	l'imagination
	un imam
imiter	imitable
	imitateur (trice)
	imitatif (ive)
	imitation

▸ *et les mots de leur famille ainsi que d'autres mots plus savants*

Retenir

Les mots commençant par les sons [im] prennent **2 m.**
Exceptions : imam, imaginer, imiter et les mots de leur famille, et quelques mots plus savants.

1

RECHERCHER dans les listes de mots ceux qui peuvent être croisés avec le mot **IMMOBILISATION.**

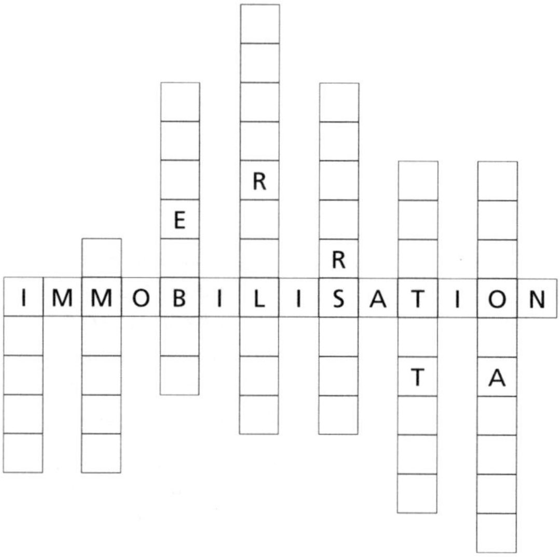

2

COMPLÉTER les mots.

Une grève

Les éboueurs sont en grève depuis deux jours. L'administration n'a pas prévu l'……inence de l'événement. En attendant, c'est l'……obilisme. Personne ne veut céder. Les ……ondices s'entassent sur les trottoirs, dans les caniveaux, devant les ……eubles dont les locataires sans ……agination continuent à déposer là tout ce qui les encombre. Ce sera, pour tous, un ……ense soulagement quand les choses s'arrangeront.

JEU DE MOTS Composer une phrase insolite avec les mots des listes.
Exemple : Attablé devant un plat immangeable, le touriste, pour se venger, prit immédiatement le parti d'imaginer l'immolation du poulet cru qu'on lui avait servi, en imitant les gestes immuables d'un imam sacrificateur.

Les sons [sif], [suf], [syf]

Un seul mot commence par **sif** avec **1 f.** C'est un drôle d'oiseau que l'on n'a guère l'occasion de rencontrer

Les mots commençant par **siff, souff, suff, souf, siph, sif**

On écrit

siff

siffler
sifflant (e)
un sifflement
un sifflet
un (e) siffleur (euse)
un siffleux (*marmotte au Canada*)
un sifflotement
siffloter

souff

souffler
le soufflage
soufflant (e)
une soufflante
un soufflard
le souffle
un soufflé
un soufflement
une soufflerie
un soufflet
souffleter
un (e) souffleur (euse)
une souffleuse (*chasse-neige au Canada*)
une soufflure

souffrir
la souffrance
souffrant (e)
un souffre-douleur
souffreteux (euse)

suff

suffire
suffisamment
la suffisance
suffisant (e)

suffixal (e, aux)
la suffixation
un suffixe
suffixer

suffoquer
suffocant (e)
la suffocation

un suffrage
une suffragette

une suffusion (*épanchement d'un liquide hors d'un vaisseau*)

souf

le soufre
le soufrage
soufrer
un (e) soufreur (euse)
une soufrière

un (e) soufi (e)
le soufisme (*tendance à la pratique d'une religion intérieure de certains islamistes*)

siph

un siphon
siphonné
siphonner

sif

un sifilet (*oiseau de la Nouvelle-Guinée dont la tête est ornée de six pennes fines*)

▸ *et quelques mots plus savants*

Retenir Les mots commençant comme **siff**ler, **souff**ler, **suff**oquer prennent **2 f.** *Exceptions :* sifilet, soufre, soufi, siphon et les mots de leur famille et quelques mots plus savants.

1

ÉCRIRE le verbe correspondant aux mots suivants quand cela est possible.

un sifflet –	un sifflotement – ....
le souffle –	la souffrance – ....
le soufre –	suffisant – ....
suffocant –	le suffrage – ....
un sifilet –	un siphon – ....

2

TROUVER le titre d'un film connu, formé à partir des mots contenus deux fois dans la liste.

atelier – gare – fois – gras – douleur – le – suffrage – souffrir – sifflera – acajou – abbé – train – additionner – adresse – trois – aqueduc – acupuncture – agglutiner – alevin – allache – éfaufiler – train – oflag – le – officier – fois – ammoniac – hammam – trois – hamac – amende – sifflera – agriculteur – apercevoir – arène

3

SAUTER une lettre à chaque fois, à l'aller comme au retour, pour découvrir une expression. Il y a des lettres inutiles.

R S U U E F L F U O O Q D U E E D R

C X O S U T P Z E Y R N L U E U S Q I L F E F U L Q E A T

S L O J U K F O F M L F E U R E C O O B M N M U E

4

COMPLÉTER les mots à l'aide des listes.

Le siffleur

Un *siff*lement strident déchira l'atmosphère calme de l'après-midi. Qui pouvait *siff*ler si bruyamment à l'heure de la sieste ? C'était un garnement du village muni d'un *siff*let d'agent qui s'amusait à faire une farce à un automobiliste de passage. Se voyant découvert, le *siff*leur s'en alla nonchalamment en *siff*lotant ; mais sitôt qu'il eut atteint le coin de la rue, il détala à toutes jambes.

Exception faite des verbes construits à partir du préfixe **super,** tous les verbes commençant par le son [syp] prennent **2 p**

Les mots commençant par **sup, supp**

On écrit

supp

supplanter	
suppléer	une suppléance
	un (e) suppléant (e)
	un supplément
	supplémentaire
	supplétif (ive)
supplier	une supplication
	une supplique
supplicier	un supplice
supporter	un support
	un (e) supporteur (trice)
supposer	une supposition
	un suppositoire
	un suppôt
supprimer	une suppression
suppurer	une suppuration
supputer	une supputation

sup

	du super (carburant)
	superbe
	une supercherie
	une supérette
	superfétatoire
	une superficie
	superficiel (le)
	superflu (e)
	supérieur (e)
	la supériorité
	un supermarché
superposer	une superposition
	une superproduction
	supersonique
	une superstition
superviser	un superviseur
	supinateur (*un muscle*)
	la supination (*position de la main paume en haut*)
	un supion (*petite seiche*)
	un supraconducteur
	supranational (e, aux)
	suprasensible
	supraterrestre
	la suprématie
	suprême

▸ *et les mots de leur famille ainsi que d'autres mots plus savants*

Remarque

Le préfixe **super** entre dans la composition de nombreux mots. Il a le sens de : au-dessus, sur. La publicité l'utilise beaucoup (« superactif », « supernettoyant », « superstar »…).

Retenir

1. Les mots d'usage courant commençant par **sup** prennent **2 p**. Ce sont généralement des verbes et les mots de leur famille.
   Exceptions : supinateur, supination, supion.
2. Les mots commençant par **super, supra** (idée de supériorité) prennent **1 p.**

1

RETROUVER dans la grille les mots de la liste.
Ils peuvent être écrits dans tous les sens : ↔ ↕ ⤢ ⤡

SUPER
SUPERVISER
SUPERPOSITION
SUPPÔT
SUPPURATION
SUPPLÉANT
SUPERCHERIE
SUPION
SUPRATERRESTRE
SUPRÊME
SUPPOSER
HAMEAU
HAMMAM
OFLAG
HAPPER
IMAGE
IMITER
SOUFRE
SIPHON
SIFILET

S	U	P	E	R	C	H	E	R	I	E	R	S	T	S
U	I	Y	V	H	L	T	H	A	M	E	A	U	U	U
P	N	F	Q	J	K	B	Z	M	A	Y	X	P	V	P
R	O	S	I	P	H	O	N	W	G	R	E	R	P	P
A	I	G	M	L	B	L	P	S	E	R	Q	R	T	U
T	T	A	A	V	E	J	C	S	R	L	K	H	S	R
E	I	L	M	H	I	T	O	E	Q	P	H	K	L	A
R	S	F	M	N	U	P	S	H	A	P	P	E	R	T
R	O	O	A	V	P	I	U	U	N	S	H	Z	S	I
E	P	T	H	U	V	M	P	S	P	Q	Y	V	O	O
S	R	Ô	S	R	H	I	R	O	X	I	V	T	U	N
T	E	P	E	R	P	T	Ê	J	K	L	O	M	F	Q
R	P	P	S	T	Y	E	M	S	Z	R	O	N	R	P
E	U	U	U	V	W	R	E	H	X	Y	Z	B	E	H
S	S	S	U	P	P	L	E	A	N	T	M	N	O	T

2

COMPLÉTER les mots et contrôler avec les listes.

Le suppléant

Le supp léant croyait avoir affaire à des supp ôts de Satan : toutes les farces et super cheries lui étaient réservées. Il avait beau super viser ses tiroirs, son porte-documents, il y trouvait régulièrement serpents, cafards, grenouilles voire scorp ions achetés au super marché voisin. Il était au supp lice. Pour se venger de ses élèves, punition sup rême, il supp rimait les sorties prévues le temps de sa supp léance.

DEUXIEME PARTIE

LES MOTS FINISSANT PAR...

Un **e** final n'est pas toujours la marque du féminin

Dans le travail de mémorisation, ne jamais dissocier la graphie et la signification du mot

Ne pas dédaigner d'apprendre l'orthographe de certains termes sous le prétexte que leur fréquence d'apparition est plus faible

IIe partie
Les mots
finissant par ...

Les mots finissant par **an, ant, anc, ang, and, aon, amp, ans**

On écrit

an

un an
un bilan
un clan
un élan
un flan
un merlan
un plan

un divan

un cran
un écran
un cadran
du safran

un caïman
une maman
un musulman
un roman

un chouan
l'océan

un artisan
un paysan

un charlatan
un gitan
un sultan
un titan

un chenapan
le tympan

un pélican
un boucan

un ban
un ruban

un ouragan
un toboggan

un gardian
le tian
un van

ant

un fainéant
un géant
le néant

un aimant
un amant
un calmant
un flamant (rose)

un chant
un méchant
le tranchant

un éléphant
un enfant

un commerçant
un passant
le versant

un belligérant
un carburant
un colorant
le courant
un mourant

un émigrant
un immigrant

le devant
le savant
le vivant

un collant
un volant

un gant
un gouvernant
un insouciant
un pliant
un revenant
tous les participes présents
en riant
en travaillant…

and

allemand
flamand
gourmand
normand

le chaland
un gland
un goéland

un brigand
un chateaubriand
ou chateaubriant
friand
grand
un marchand
quand
un tisserand
un truand

anc

un banc
un blanc
de but en blanc
le flanc
un franc

aon

un faon
un paon
un taon

ang

un étang
un pur-sang
le rang
le sang
le sang-froid

amp

le camp
le champ

ans

céans
dans
dedans
sans

Expressions

Tant pis, tant mieux, tant et plus… Tant va la cruche à l'eau qu'à la fin elle se casse…

Les mots finissant par **ent, ens, emps, end, empt, eng**

On écrit

ent

un aliment
un appartement
des appointements
un bâtiment
un boniment
le ciment
comment
un élément
un ferment
le froment
un logement
un moment
un pigment
un sarment
un segment
un supplément
un tourment

l'argent
un sergent

un accent
un adolescent
un cent

un client
un inconvénient
l'orient
un patient
un quotient
un récipient

un concurrent
un parent
un torrent

un affluent
un confluent

un auvent
un couvent
un évent
le vent

impénitent
un relent
un serpent
un talent

absent (e)
clément (e)
content (e)
dément (e)
dolent (e)
éminent (e)
escient (à bon)
évident (e)
fervent (e)
latent (e)
opulent (e)
patent (e)
patient (e)
présent (e)
prudent (e)
tangent (e)
urgent (e)
violent (e)

un aménagement
un ameublement
un armement
un arrachement
un entraînement
un épuisement

un balbutiement
un bégaiement
un dénouement
un dévouement
un paiement
un remerciement

un adoucissement
un amaigrissement
un appauvrissement
un applaudissement
un arrondissement
un assoupissement
un assouplissement
un assagissement
un assainissement
un avertissement
un durcissement
un éclaircissement
un établissement
un frémissement
un gémissement
un grossissement
un lotissement
un rafraîchissement

ens

aux dépens de
l'encens
un guet-apens

end

un différend
(désaccord)

eng

un hareng

emps

le temps
longtemps
un passe-temps
le printemps

empt

exempt (e)

Remarques

1. Les adverbes se terminant par le son [ã] s'écrivent **ent :** abondamment, prudemment, chaleureusement…
2. Sens se prononce avec un **s** final sonore : le bon sens, le sens interdit.
3. Sans se prononce [sã] : histoires sans paroles, du pain sans sel.

1

AJOUTER les voyelles manquantes dans les mots ci-dessous.

• ns • • c • • nt – l • g • m • nt – p • • n –
• ntr • • n • m • nt – d • g • • s • m • nt –
• t • rn • • m • nt – q • • t • • nt – • t • ng –
• t • bl • ss • m • nt – • nc • ns

2

ÉCRIRE soit le verbe soit le nom correspondant terminé par **ant** ou **ent**.

calmer → un calment ✓ | frémir → frémissant ✓ (→ frémissement)
plier ✓ ← un pliant | applaudir ✓ ← un applaudissement
vivre → vivant → vivent | éclaircir → un éclaircissement
gouverner ← un gouvernant | durcir ← un durcissement
trancher → tranchant | rafraîchir → rafraîchissant
mourir ← un mourant | déguiser ← un déguisement

3

COMPLÉTER les mots du texte.

Le vent

Vilain vent hurlant, tournoyant, virevoltant tu vas de l'avant, époussetant les rues, affolant les passants, les vieilles gens surtout. Tes longues langues lèchent les murs, font frémir les volets, glacent les maisons et les doigts des enfants. Tu ne respectes ni l'automne ni le printemps. On te nomme parfois la bise. C'est drôle ! un si joli nom, plein d'affection pour un tel méchant !

JEU DE MOTS Composer une phrase insolite en utilisant les mots des listes.
Exemple : Un revenant insouciant, parfumé d'encens, avait pour passe-temps l'habitude de rire aux dépens des habitants du château en leur tendant des guets-apens qui leur faisaient bouillir le sang et prendre la clef des champs.

Pour bien mémoriser la finale d'un mot, trouver chaque fois que c'est possible un dérivé : acha**t** → acheter

Les mots finissant par **a, at, as, ac, ach, ap, az, act, ât, ars**

On écrit

a

un acacia
un agenda
un alinéa
l'arabica
un baba
un boa
un bouddha
une chipolata
un cobra
un dahlia
un delta
un duplicata
un épicéa
du gorgonzola
une hacienda
un harmonica
la maestria
la mafia
le mica
la noria
un opéra
une parka
une peseta
le sida
un soda
le soja
un tibia
une tombola
un tréma
une véranda
une villa
le yoga
un yucca
un zinnia
le zona

at

un achat
un attentat
un avocat
le baccarat
un candidat
un certificat
le climat
un combat
un commissariat
un crachat
un débat
un doctorat
des ébats
un éclat
l'épiscopat
un goujat
des gravats
un magistrat
un mandat
du muscat
du nougat
un prélat
un pontificat
le professorat
un pugilat
un rachat
un rat
un reliquat
un renégat
un résultat
un scélérat
un soldat
un syndicat
un thermostat
un volontariat

as

un amas
un ananas
un bras
un cabas
un cadenas
le cervelas
un chas
le chasselas
un compas
le damas
un débarras
un échalas
un embarras
un fracas
un galimatias
un judas
du lilas
un matelas
un choucas
un bas
un branle-bas
un cas
le frimas
le glas
un mas [ma] ou [mas]
mardi gras
un pas
le ras du sol
un repas
un sas [sa] ou [sas]
un tas
un tracas
le trépas
le verglas

ac

un estomac
du tabac
antitabac

ach

un almanach

ap

un drap
du sparadrap

az

un raz de marée

act

exact

ât

un appât
un bât
un dégât
un mât

ars

un gars

et les mots de leur famille

Remarques

1. Dans hamac on entend le **c** final.
2. Un almanach se prononce [almana], mais on entend [k] en liaison avec une voyelle : un almanach‿ancien.

1

FAIRE les mots croisés ci-contre.

1. C'est un petit instrument de musique.
2. Sur les routes, l'hiver, c'est un danger.
3. On y gagne des lots en nature.
4. Il est déconseillé d'en fumer.
5. C'est un os long.
6. Il peut remplacer une serrure.
7. On y note ce que l'on doit faire.
8. quatrième lettre de l'alphabet grec.

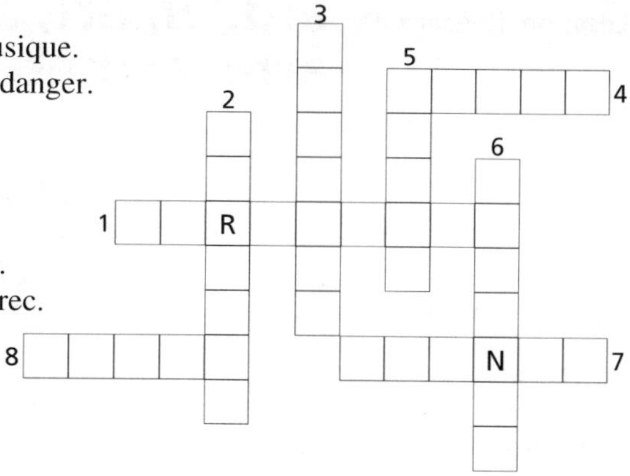

2

TROUVER le mot simple ou son dérivé.

un bras ⟶ .... débat ⟶ ....

un .... ⟵ débarrasser un .... ⟵ un passant

un plat ⟶ .... un éclat ⟶ ....

un .... ⟵ un matelassier un .... ⟵ une draperie

un rat ⟶ .... un amas ⟶ ....

3

COMPLÉTER les mots du texte.

Un repas de gala

Un boa........ béat invita impromptu un cobra........ coriace à un riche repas........ composé d'abats........ abondants, de chipolatas........ colorées, de cervelas........ chaud, d'un choucas........ charnu, de grappes de chasselas........, de nougat........ noir, le tout arrosé abusivement d'un vieux vin muscat........ .

Après le repas........ que pensez-vous qu'il arriva ? Alors qu'il faisait du yoga........, le cobra........ coriace passa de vie à trépas........ dans l'estomac........ du boa........ béat qui bourra ensuite sa pipe de tabac........

Quelquefois un mot de la même famille peut aider à écrire la fin d'un mot : regar**d** → regarder

Les mots finissant par **ard, ar, art, are, arre, arrhes, ars, arc**

On écrit

ard

un banlieusard
un bavard
un billard
un boulevard
un brancard
un brassard
un brouillard
un buvard
un campagnard
un canard
un chauffard
un clochard
un corbillard
un cuissard
un dard
l'épinard
le fard
un fêtard
un froussard
un gaillard
un grognard
le hasard
un homard
le jacquard
le lard
un léopard
un lézard
un milliard
un montagnard
un motard
un mouchard
un moutard
un pétard
un pillard
un pistard
un placard
un poignard
un politicard
un regard
un renard
un richard
un roublard
un savoyard
un smicard
un standard
tard
un têtard
un vantard
un veinard
un vieillard

ar

un autocar
un bar
le bazar
un car
un calamar
ou calmar
un canular
un cauchemar
le caviar
un césar
un char
un dollar
un hangar
un jaguar
un lascar
un loubar
ou loubard
un malabar
le nectar
un nénuphar
un oscar
un racontar
un radar
une star
un tsar
ou tzar, czar

art

l'art
un départ
un écart
un encart
un faire-part
une part
la plupart
un quart
un rempart

arrhes

des arrhes

ars

épars (e)
un jars

arc

le marc

are

une aérogare
un (e) avare
un (e) barbare
un cigare
dare-dare
une fanfare
une gare
une guitare
un hectare
une héligare
hilare
une mare
ovipare
un phare
rare
un square
une tare
tartare
vivipare

arre

une amarre
une bagarre
une barre
un bécarre
bizarre
une jarre
marre (en avoir)
un tintamarre

▸ *et d'autres mots plus savants*

Remarques

1. Dans marc on n'entend pas le **c** mais on l'entend s'il s'agit du prénom Marc.
2. Le fart qu'utilisent les skieurs se prononce comme le kart (avec un **t** sonore).

1

FAIRE les mots croisés ci-dessous.

1. On dit rusé comme un…
2. On les fait éclater les jours de fête.
3. Un grand bruit fait de sons discordants.
4. Quand on en possède un, on est riche.
5. Ils ceinturaient les villes pour les protéger.
6. La guêpe pique avec le sien.
7. Les coureurs en ont un sur le dos.
8. La nuit, il prévient les marins de la proximité de la côte.

2

ÉCRIRE un nom dérivé des mots suivants.

une part → ……………… une barre → ………………
un art → ……………… une bagarre → ………………
un écart → ……………… une guitare → ………………
un char → ……………… un avare → ………………
un vantard → ……………… un cigare → ………………

JEU DE MOTS La première syllabe d'un mot doit répéter les sons de la dernière syllabe du mot qui précède.
Exemple : guitare-tardif-difficile-syllabe-laboratoire

chauffard – fardeau .– ……………… – ……………… – ………………
cuissard – ……………… – ……………… – ……………… – ………………
smicard – ……………… – ……………… – ……………… – ………………
cigare – ……………… – ……………… – ……………… – ………………

Avec le féminin on ne trouve jamais la graphie **as** en finale

Les mots finissant par **ace, âce, asse, as, ass**

On écrit

ace

l'audace
une besace
un biface
un biplace
une carapace
une dédicace
un espace
la face
un face-à-face
une fouace
une glace
une grimace
une limace
une menace
un (e) monoplace
un palace
une place
la populace
une postface
une préface
une race
un rapace
une rosace
une surface
une trace
une volte-face

coriace
efficace
perspicace
rapace
vivace
vorace
tenace

âce

une grâce
une disgrâce

asse

une barcasse
une basse
une bécasse
un bidasse
la brasse
la brouillasse
la caillasse
une calebasse
une carcasse
une casse
la chasse
une contrebasse
la crasse
une crevasse
une cuirasse
une échasse
une fougasse
un garde-chasse
une godasse
une impasse
une liasse
une masse
la mélasse
une nasse
la paperasse
la potasse

une pinasse
une rascasse
une sargasse (*algue flottante*)
une tasse
une terrasse
une tignasse
la vinasse

blondasse
bonasse
cocasse
fadasse
folasse
hommasse
laidasse
molasse
tiédasse

basse (*fém. de bas*)

as

un ananas [na] ou [nas]
un as
un atlas
hélas ou las
un mas [ma] ou [mas]
le pancréas
un papas (*prêtre d'une église d'Orient*)
le Plexiglas
un sas [sa] ou [sas]
un vasistas

ass

du ray-grass (*gazon*)
un strass ou stras (*verre coloré qui imite une pierre précieuse*)

Remarque On entend les mêmes sons à la fin de : poisse, angoisse, paroisse…

1

ÉCRIRE ces mots où les voyelles ont disparu.

pr • f • c • – p • l • c • – p • p • l • c • –
d • d • c • c • – gr • m • c • – f • • g • ss • –
p • p • r • ss • – p • rsp • c • c • – c • r • • c • –
h • mm • ss •

2

RETROUVER les 10 mots se finissant par les sons [as] cachés dans la grille.
Ils peuvent être écrits dans tous les sens : ↔ ↕ ⤢ ⤡

E	E	R	P	O	T	A	S	S	E
C	C	A	L	E	B	A	S	S	E
H	A	P	M	D	Q	T	S	O	S
A	S	A	F	U	C	A	X	H	S
S	E	C	P	Y	R	M	P	U	A
S	B	E	G	I	L	O	R	Q	C
E	B	J	U	K	N	F	I	E	R
V	S	C	A	Z	A	S	R	R	A
D	E	D	I	C	A	C	E	N	B
W	P	L	E	X	I	G	L	A	S

3

COMPLÉTER les mots du texte.

Le clown

Dans son costume pitoyable et ses chaussures démesurées, il fait son entrée, salué par les cris et les rires des enfants. Il se tient immobile, comme surpris. Le public se tait, impressionné par sa face blafarde, si triste sous les projecteurs. Il fait la grimace ; les rires fusent. Commence alors un numéro musical étourdissant. Il joue de la trompette, de la contrebasse, du pipeau et même de la cornemuse. Quel paillasse ! Les enfants en garderont un souvenir vivace.

4

PRÉCISER comment s'appelle la mer dans laquelle les anguilles vont pondre leurs œufs ? La situer sur une carte. Expliquer pourquoi elle porte ce nom. Le retrouver dans les mots des listes.

Les sons [ãs]

Pas de **e** en finale pour les noms masculins

Les mots finissant par **ance, anse, ence, ense, ens**

On écrit

ance

une abondance
une alliance
une ambiance
une ambulance
l'arrogance
l'assistance
l'attirance
l'avance
une balance
la bienfaisance
la bienveillance
la chance
une circonstance
les condoléances
la confiance
la connaissance
la consistance
une contenance
la correspondance
la croissance
la croyance
la délinquance
la délivrance
la dépendance
la distance
une échéance
l'élégance
l'endurance
l'enfance
l'espérance
la finance
l'ignorance
l'importance

l'insistance
l'insouciance
l'intransigeance
une lance
la malfaisance
la malveillance
la médisance
la méfiance
la naissance
une nuance
l'obéissance
la performance
la persévérance
la prévoyance
la puissance
une quittance
une remontrance
une répugnance
la résistance
la résonance
la ressemblance
la séance
la souffrance
la substance
la suffisance
la suppléance
la surveillance
la tempérance
la tendance
la tolérance
les vacances
la vengeance
la vigilance

anse

la danse
la ganse
la panse
les transes

ense

l'autodéfense
la défense
la dépense
la dispense
une offense
la récompense

dense
immense
intense

ens

le cens
le sens
le bon sens
le contre-sens
le double-sens
le faux-sens
le non-sens

ence

l'absence
l'abstinence
l'adhérence
l'adolescence
l'affluence
l'agence
l'apparence
l'audience
la cadence
la carence
la circonférence
la clémence
la coïncidence
la compétence
la concurrence
la conférence
la confidence
la confluence
la connivence
la conscience
la conséquence
la (l'in) continence
la convalescence
la convergence
la décadence
la décence
la déficience
la démence
la différence
la diligence
la dissidence
l'éloquence
l'essence

l'évidence
l'exigence
l'existence
l'expérience
la faïence
la fréquence
l'indigence
l'indulgence
l'influence
l'innocence
l'intelligence
la licence
la magnificence
la négligence
la patience
la pénitence
la permanence
la préférence
la présence
la présidence
la providence
la prudence
la recrudescence
la référence
la réminiscence
la résidence
la réticence
la science
la semence
la sentence
la séquence
la transparence
l'urgence

▸ *et d'autres mots*

1

METTRE le nom ou l'adjectif qui convient en imitant le modèle donné.

Noms	*Adjectifs*
La souffrance des malades	Des malades souffrants
La puissance de deux pays	Deux pays ....
L' .... d'une voisine	Une voisine obligeante
La vigilance des gardiens	Des gardiens ....
La .... d'une émission	Une émission fréquente
La turbulence des gamins	Des gamins ....
L' .... d'un pays	Un pays indépendant
La violence des joueurs	Des joueurs ....
L' .... d'un acrobate	Un acrobate inconscient
La convalescence d'un blessé	Un blessé ....
La .... des bourgeons	Des bourgeons naissants

2

FORMER des mots avec chacune des syllabes des mots proposés.

RE CON DUIRE — CON TRE BASSE — SENS ATION — COR RES PON DANCE — CIR CON FÉ RENCE

3

COMPLÉTER les mots du texte.

Un mauvais caractère

Dressé sur ses talons, tel un coq de combat sur ses ergots, Jonathan, le regard dur, le menton relevé, vous toise avec insolence du haut de sa petite taille. Il cumule les défauts. Sa méfiance instinctive pour ses semblables n'a d'égale que sa médisance envers ses proches. Ses violences, ses impatiences théâtrales ne l'épuisent pas, malgré leur fréquence. Un tel comportement n'a aucun sens. A moins qu'il ne témoigne d'une intime souffrance

Les mots **masculins** finissant par **é, ée, er, ez, ed**

On écrit

é

un abbé
un aîné
un bébé
du blé
un blessé
le café
un canapé
un carré
un congé
un curé
un dé
un degré
un diplômé
un divorcé
un émigré
un employé
un évadé
un fiancé
un fossé
un gradé
un handicapé
un illustré
un immigré
un invité
un juré
un marché
un miraculé
un naufragé
le passé
un pavé
un pré
un sinistré
un surgelé
le tiercé
du thé

er

un ambulancier
un banquier
un berger
un boulanger
un boutiquier
un caissier
un calendrier
un charcutier
un clocher
le danger
un échiquier
un évier
un familier
février
un horloger
un hôtelier
janvier
un jardinier
un limonadier
un magasinier
un matelassier
un menuisier
un officier
un ouvrier
un pâtissier
un plâtrier
un policier
le quartier
un quincaillier
un romancier
un sentier
un serrurier
un sorcier
un tapissier
un tripier

un abricotier
un amandier
un bananier
un cacaoyer
un caféier
un cerisier
un châtaignier
un citronnier
un dattier
un figuier
un fraisier
un framboisier
un fromager
un groseillier
un mandarinier
un marronnier
un mûrier
un néflier
un noisetier
un noyer
un olivier
un oranger
un palmier
un pêcher
un peuplier
un poirier
un pommier
un prunier
un rosier

Verbes devenus noms
le lever
le souper
le déjeuner

ée

un athée
un caducée
un camée
un lycée
un macchabée
un mausolée
un musée
le périnée
un pygmée
un raz-de-marée
un scarabée
un trophée

ez

le nez
le rez-de-chaussée

assez
chez

ed

le pied

Retenir
Des mots empruntés à des langues étrangères :

un canoë
un K-way
un pédigree
un paso-doble
nota bene
in fine…

Les mots **féminins** finissant par **é, ée**

On écrit

ée

une accouchée
une aiguillée
une allée
une année
une araignée
une armée
une arrivée
une assemblée
une azalée
une billevesée
une bolée
une bordée
une bouchée
une bouée
une bouffée
une bougainvillée
ou
un bougainvillier
une brassée
la buée
une cavée
une chambrée
la chaussée
une cheminée
une chevauchée
la chicorée
la cognée
une cordée
la cornée
une corvée

une coudée
une coulée
une couvée
la criée
une croisée
une cuvée
une dégelée
une denrée
dérobée (à la)
une destinée
une dragée
une écuellée
une embardée
une enjambée
une envolée
une épousée
étuvée (à l')
une fée
une fessée
une flambée
une foulée
une fournée
une fricassée
une fumée
une fusée
la gelée
une giboulée
une gorgée
une goulée
une graminée

une idée
une journée
une lampée
une levée
une lignée
une maisonnée
la marée
une matinée
une mêlée
une mosquée
la nausée
une ondée
une orchidée
l'orée
une pelletée
une pensée
une pesée
une pincée
une poignée
une plongée
une poupée
une poussée
une purée
une raclée
une randonnée
une rangée
une renommée
une rentrée
la risée (être)
la rosée

une rossée
une ruée
une saignée
des simagrées
une soirée
une suée
une tombée
une tournée
une tranchée
une travée
une traversée
une trouée
une vallée
une veillée
une visée
une volée

é

la clé
ou la clef
l'acné

Retenir

Les noms féminins terminés par le son [e] s'écrivent **ée** sauf : la clé (clef), l'acné (voir p. 112 : les noms féminins terminés par **té, tée, tié** ou **tier**).

1

FAIRE les mots croisés ci-dessous.

1. Tasse munie de sa soucoupe utilisée au lever.
2. On en offre à l'occasion des baptêmes, des mariages.
3. Ses fruits parfumés ressemblent à ceux du fraisier.
4. Malgré son nom, c'est un arbre qui ne produit pas de fromage.
5. Les piétons doivent prendre garde quand ils l'empruntent.
6. Ses fruits jaunes sont acides.
7. C'est une épreuve de force au rugby.
8. Celui du 14 Juillet à Paris est remarquable.
9. Pluie soudaine de courte durée.
10. Ses fruits juteux sont appréciés pendant la saison froide.

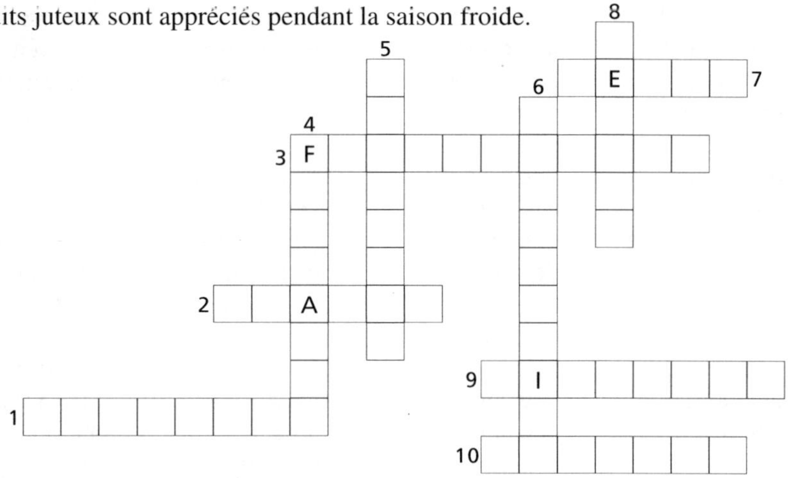

2

COMPLÉTER les mots du texte à l'aide des listes.

Souvenirs de lycéens

Le lycée d'Aumale se trouvait inséré dans un quartier de ruelles étroites aux pavés arrondis par l'usure. Chacune de nos sorties hebdomadaires nous paraissait une aventure, tant le contraste était saisissant entre notre cour paisible, plantée de maronniers et ces rues aux senteurs fortes, peuplées de foules bigarrées. Les gens faisaient leur marché à même la chaussée parmi les étals débordant des boutiquiers. Notre première halte se faisait chez un pâtissier qui façonnait, devant nos yeux intéressés, de délicieux beignets.

Les mots finissant par **ai, aie, ais, ay, ait, aid, aix**

On écrit

ai

un balai
le brai (*résidu de la distillation de la houille*)
un chai
un déblai
un délai
un essai
un étai
le frai (*œufs de poisson*)
un geai
mai
le minerai
le quai
un rai (*rayon*)
un relai
un remblai

bai (e) (*cheval brun aux extrémités noires*)
gai (e)
vrai (e)

aie

une baie
des braies
une claie (*treillis à claire-voie*)
la craie
une effraie
une futaie
une haie
l'ivraie (*herbe*)
une laie
une maie (*pétrin*)
la monnaie
une pagaie
une plaie
une raie
une taie

une aulnaie ou une aunaie
une cannaie
une chênaie
une frênaie
une châtaigneraie
une oseraie
une palmeraie
une peupleraie
une pommeraie
une roseraie

ais

un biais
un dadais
un dais
un déblais
un engrais
le frais (*fraîcheur*)
les frais (*dépenses*)
les faux frais
un harnais
de jais (*des yeux noirs*)
les lais (*terrains que la mer laisse en se retirant*)
un laquais
un marais
un niais
un palais
un rabais
un relais

antillais (e)
français (e)
portugais (e)

épais (se)
mauvais (e)
niais (e)

Des mots invariables
désormais
jamais
mais
ouais

ay

le chardonnay (*cépage*)
le gamay (*cépage*)
le tokay (*vin*)
le volnay (*vin*)
le vouvray (*vin*)

le fair-play
un K-way
le spray
le tramway
(*mots d'origine étrangère*)

aix

un faix (*fardeau*)
un portefaix
la paix

ait

un attrait
un bienfait
un extrait
un fait
un forfait
un imparfait
le lait
un méfait
un portrait
un retrait
un souhait
un trait

abstrait (e)
distrait (e)
parfait (e)
surfait (e)

aid

laid (e)

Remarques

1. Les noms féminins se terminent par **aie.**
   Exemple : la monnaie.
2. Les noms terminés par **êt** sont masculins
   sauf : la forêt.
3. Dans certains mots, l'élément **et** (ou **elet**) est un suffixe diminutif.
   Exemples : un jardinet est un petit jardin.
   Un ruisselet est un petit ruisseau.

Les mots finissant par **et, êt, ès, ect, egs, ets, ey**

On écrit

et

un agnelet
l'alphabet
un archet
un ballet
un banquet
un baudet
un beignet
un bidet
un billet
un bleuet
un bonnet
un boulet
un bourlet
 ou bourrelet
un bracelet
un brochet
le budget
un buffet
un cabaret
un cabriolet
un cachet
un cadet
un carnet
le cassoulet
le cervelet
un chalet
un chapelet
un coffret
un couplet
un coussinet
un crochet

un déchet
un décret
un duvet
un effet
un feuillet
un filet
un fouet
le fret
 (*marchandises transportées*)
un galet
un garçonnet
un gibet
un gilet
un gobelet
un godet
le guet
un guichet
un guillemet
un hochet
un hoquet
un jardinet
le jarret
un (re) jet
le jouet
juillet
un lacet
un loquet
un maillet
le mollet
le muscadet

un navet
un objet
un œillet
un oiselet
un osselet
un ourlet
un paquet
un parapet
un parquet
un piquet
le poignet
un pontet
un porcelet
un poulet
un projet
un reflet
un regret
un robinet
un roitelet
un ruisselet
un sachet
un secret
un sifflet
un sorbet
un soufflet
un tabouret
un tiret
un tonnelet
le toupet
un trajet
un valet

êt

un apprêt
un arrêt
un benêt
le désintérêt
le genêt
un intérêt
un prêt
un têt (*récipient utilisé dans les laboratoires*)

prêt (e)

la forêt

ect

un aspect
l'irrespect
le respect
un suspect

egs

un legs

ets

aguets (être aux)
un entremets
un mets (*aliment cuisiné*)

ès

un abcès
un accès
un agrès
un congrès
un cyprès
un décès
un excès
le grès
l'insuccès
un procès
un progrès
un succès

Des mots invariables
à peu près
après
auprès
ci-après
exprès (*adverbe*)
près
dès
très

ey

un colley
le hockey
un jockey
le mercurey (*vin*)
un poney
un trolley (bus)
le volley (ball)
(*mots d'origine étrangère*)

1

RECHERCHER dans les listes les homophones des mots ci-dessous.

un prêt – ……………………
le frais { – les ……………………
– le …………………… }
une taie – un ……………………
un trait – ……………………
un rai – une ……………………
un geai – un ……………………
gai – le ……………………

le lait { – la ……………………
– un ……………………
– les ……………………
– …………………… }
un balai – un ……………………
mai { – la ……………………
– un ……………………
– …………………… }

2

RETROUVER et écrire les noms qui ont servi à former les mots ci-dessous.
Exemple : un agnelet – un agneau

un jardinet – ……………………
un tonnelet – ……………………
un roitelet – ……………………
un coussinet – ……………………
un garçonnet – ……………………
un poulet – ……………………
un porcelet – ……………………
un pontet – ……………………
un osselet – ……………………

3

RECONSTITUER 4 noms de deux syllabes et 4 noms de trois syllabes cachés dans les grilles.

PA	NAIE
FU	LAIS
CHÊ	GAIE
PA	TAIE

TA	TÉ	CÈS
IN	CE	RÊT
POR	SUC	RET
IN	BOU	LET

> L'idée de base à retenir est que généralement les noms féminins se terminent par **elle**, les masculins par **el** (à cinq exceptions près)

Les mots finissant par **elle, el, èle, êle, ël, aile, ail**

On écrit

elle

une airelle
une aisselle
une aquarelle
une attelle
une bagatelle
une balancelle
une béchamelle
une bielle
une bretelle
la cannelle
une caravelle
une chandelle
une chapelle
la citronnelle
une coccinelle
une coupelle
une demoiselle
une dentelle
une échelle
une écuelle
une escarcelle
une étincelle
une femelle
une ficelle
une gamelle
une gazelle
une hirondelle
une jarretelle
une jouvencelle
une jumelle
une kyrielle
une mamelle
une manivelle
une marelle
une margelle
une mirabelle
la mortadelle
une mutuelle
une nacelle
une nouvelle
une ombrelle
une parcelle
une passerelle
une pelle
une poubelle
une poutrelle
une quenelle
une querelle
une radicelle
une ribambelle
une ritournelle
une rondelle
une rouelle
une ruelle
une sauterelle
une selle
une semelle
une sentinelle
une tonnelle
une tourterelle
une truelle
la vaisselle
la varicelle
une voyelle

un lave-vaisselle
un polichinelle
un rebelle
le vermicelle
le violoncelle

el

un antigel
un appel
un archipel
l'audiovisuel
un autel
un caramel
un carrousel
un castel
le ciel
un colonel
un décibel
le dégel
un diésel
un duel
le fiel
le gel
un hôtel
l'hydromel
un industriel
un label
un logiciel
un minitel
le miel
un missel
un motel
le nickel
un pastel
le pluriel
un rappel
un recel
le réel
le sel
un teckel
un tunnel
untel

èle

un fidèle
un infidèle
le modèle
un parallèle
le zèle

la clientèle
une fidèle
une infidèle
une parallèle
une stèle

êle

la grêle
un paragrêle
(le) pêle-mêle

ël

Noël

aile

une aile

ail

un cocktail

Remarque :
le poêle, la poêle se prononcent [pwal].

1

RETROUVER dans la grille les mots de la liste (horizontalement et verticalement).

AUDIOVISUEL
RIBAMBELLE
RITOURNELLE
INDUSTRIEL
LOGICIEL
ÉTINCELLE
TONNELLE
NOUVELLE
ÉCHELLE
MIEL
MOTEL
LABEL
CIEL
BON
MOU
COU
BELLE
COCCINELLE
SEL

R	I	T	O	U	R	N	E	L	L	E	I
I	X	O	Z	K	V	O	T	O	R	S	N
B	O	N	R	M	O	U	H	G	K	C	D
A	T	N	V	O	H	V	P	I	D	X	U
M	I	E	L	T	V	E	R	C	V	J	S
B	E	L	L	E	Z	L	C	I	E	L	T
E	V	L	T	L	Z	L	K	E	H	A	R
L	H	E	E	C	H	E	L	L	E	B	I
L	C	O	C	C	I	N	E	L	L	E	E
E	T	I	N	C	E	L	L	E	V	L	L
A	U	D	I	O	V	I	S	U	E	L	H
X	Y	Z	T	U	H	J	P	K	B	D	Q

2

ÉCRIRE **el** ou **elle** à la place des pointillés (attention ! il y a des mots masculins qui prennent **elle**).

un app........ la ru........ le violonc........ un hôt........
une poub........ la sem........ la mam........ un polichin........
la fic........ la mar........ la jum........ une gaz........

3

COMPLÉTER les mots du texte.

Un mauvais départ

Papa a eu une surprise ce matin : son auto n'a pas démarré à cause du g..el..... Il a fait app..el..... à de fid..èles... voisins et, dans la ru..elle... où débouche le garage, ils ont poussé avec un z..èle..... que le froid excitait. Quand le moteur reb..elle... s'est mis à pétarader, papa a levé le bras en signe de victoire et a poursuivi sa route sous les bravos d'une ribamb..elle... de gamins amusés.

Attention, avec les homonymes, la faute d'orthographe peut conduire à une erreur de sens

Les mots finissant par **aine, ène, enne, eine, en**

On écrit

aine (ou aîne)	enne	ène (ou êne)	eine	en
une aubaine	une antenne	un (e) aborigène	une baleine	l'abdomen
la bedaine	une benne	une alêne	la déveine	amen
une calembredaine	une bohémienne	une arène	une haleine	un aven
un capitaine	une chienne	le benzène	une madeleine	une bigouden
une chaîne	une chirurgienne	un chêne	une peine	un dolmen
une châtelaine	une chrétienne	une ébène	une reine	un éden
une cheftaine	une citoyenne	un (e) énergumène	la veine	le gluten
un croque-mitaine	une collégienne	un fumigène	la verveine	une golden
un domaine	la doyenne	la gangrène		le lichen
une fontaine	des étrennes	un gène		le loden
une fredaine	européenne	la gêne		le pollen
une gaine	la gardienne	l'hydrogène		un spécimen
une graine	la garenne	un (e) indigène		le yen
la haine	une grammairienne	le kérosène		
la laine	une historienne	une murène		
la marjolaine	une lycéenne	l'oxygène		
une marraine	des marennes *(huîtres)*	le pêne		
la migraine	une mécanicienne	un phénomène		
une mitaine	une moyenne	les rênes		
une mondaine	une musicienne	une scène		
une moraine	une opticienne	une sirène		
une plaine	une penne	un troène		
la porcelaine	une persienne			
une rengaine	une pharmacienne			
la semaine	une prolétarienne			
un tire-laine	un renne			
une traîne	une technicienne			
	une télébenne			
une dizaine	une végétarienne			
une douzaine	une vespasienne			
une centaine				
africaine	la mienne			
lorraine	la tienne			
marocaine	la sienne			

Exercices sur les sons [ɛn]

1

RETROUVER et écrire les homophones des mots suivants.
Exemple : le sang – cent

un gène – .... un renne – .... sire – ....

une chaîne – .... une peine – .... dans – ....

une alêne – .... la Seine – .... mon – ....

2

ÉCRIRE correctement les expressions en utilisant l'adjectif proposé.

(certain) – des ennuis .... – une réussite ....

(sain) – des produits .... – des distractions ....

(vain) – des efforts .... – une discussion ....

(ancien) – des meubles .... – une armoire ....

(plein) – des caisses .... – des réservoirs ....

(serein) – une conversation .... – des paysages ....

3

RECHERCHER dans les listes de mots ceux qui peuvent être croisés avec les mots ci-dessous.

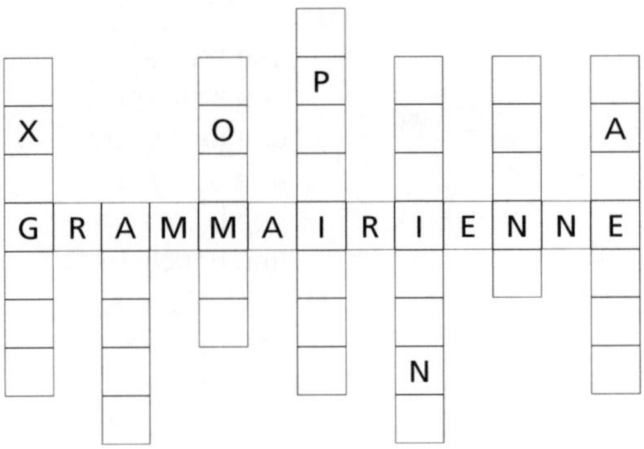

Les mots finissant par **air, aire, ère**

On écrit

aire

un adversaire
une affaire
un anniversaire
un annuaire
l'auriculaire
un (e) bibliothécaire
le calcaire
un (e) célibataire
un commissaire
un dictionnaire
un dispensaire
un estuaire
un (e) fonctionnaire
la grammaire
des honoraires
un horaire
un itinéraire
un lampadaire
un (e) libraire
un maire
un (e) militaire
un (e) milliardaire
un notaire
une paire
un (e) pensionnaire
une perpendiculaire
un (e) propriétaire
un questionnaire
un repaire
un salaire
un (e) secrétaire
un (e) sociétaire
un (e) titulaire
un vestiaire
un (e) vétérinaire

alimentaire
autoritaire
balnéaire
bancaire
circulaire
complémentaire
dentaire
exemplaire
hebdomadaire
humanitaire
lunaire
millionnaire
musculaire
nécessaire
nucléaire
populaire
primaire
rectangulaire
sanitaire
secondaire
sédentaire
solaire
spectaculaire
téméraire
vulgaire

quadragénaire
quinquagénaire
sexagénaire
septuagénaire
octogénaire
nonagénaire
centenaire

air

un air
la chair
clair (e)
un éclair
le mohair
(*poil de chèvre angora dont on fait des laines*)
le vair
(*fourrure d'un écureuil*)

ère

l'arrière
le caractère
un cimetière
le derrière
un frère
du gruyère
un hélicoptère
un hémisphère
un mammifère
un ministère
un mystère
le père
un quadrilatère
un repère
un réverbère
un somnifère

une artère
une atmosphère
une bachelière
une barrière
une bière
une bouchère
une cafetière
une caissière
une carrière
une charcutière
une civière
la colère
une conseillère
une croisière
une droitière
une écolière
une fourmilière
une frontière
une gauchère
une glissière
une héritière
une hôtelière
une jardinière
la laitière
une litière
la lumière
une maraîchère
la mère
la misère
une œillère
une ouvrière
une paupière
une poivrière
une postière
une poussière
la prière
une rivière
une salière
une soupière
une souricière
une sphère
la tabatière
la teinturière

adultère
austère
délétère
éphémère
prospère
sévère
sincère

Les mots finissant par **erre, er, ert, ers, erf, erc**

On écrit

erre

un cimeterre
le lierre
le parterre
un pied-à-terre
le sancerre
un sous-verre
le tonnerre
le verre

erre (le bateau
court sur son)
une équerre
la guerre
la pierre
la pomme de terre
une serre
la terre

er

un boxer
un bulldozer*
le cancer
un carter
un charter
un corner
une cuiller
ou cuillère
un cutter*
un docker
l'enfer
l'éther
le fer
un gangster
un hamster
hier
l'hiver
un imper (méable)
un joker
le laser

le manager*
la mer
le munster
le poker
le polyester
le poster
un pull-over
un reporter
un scooter*
un setter
un starter
le sylvaner
un ver

amer (ère)
cher (ère)
fier (ère)
outremer (*bleu*)
outre-mer
(*au-delà des mers*)

ert

le camembert
un colvert
un concert
le couvert
le désert
le dessert
un expert
un insert
un pic-vert
un transfert

erf

un cerf
un nerf
un serf
un tire-nerf

ers

devers (par-)
divers
l'envers
un fait divers
le revers
un tiers
le travers
l'univers
un vers

erc

un clerc

* *Les terminaisons de ces mots ont deux prononciations possibles :* [œR] *ou* [ɛR].

Remarques

1. Les noms en **aire** qui ont un masculin et un féminin gardent la même orthographe pour les deux genres : un adversaire - une adversaire.
De la même façon, les adjectifs en **aire** ou en **ère** ont la même forme au masculin et au féminin : un four solaire - une lumière solaire; un juge sévère - une mine sévère.
2. Les noms féminins en **ère** (métiers) ont un masculin (quand il y en a un) en **er :** un charcutier - une charcutière.
3. Beaucoup de noms se terminant par **er** sont d'origine étrangère.

1

ÉCRIRE pour chaque mot ci-dessous un mot de sa famille où l'on entend le son [a].
Exemple : populaire → popularité

scolaire ⟶	commissaire ⟶ ....
vulgaire ⟶	secrétaire ⟶ ....
salaire ⟶	air ⟶ ....
lunaire ⟶	éclair ⟶ ....

2

AJOUTER les voyelles manquantes aux mots ci-dessous.

h • bd • m • d • • r • – p • • p • • r • – t • nn • rr • –
p • l • • st • r – c • m • mb • rt – • tm • sph • r • –
h • t • l • • r • – l • mp • d • • r • –
s • x • g • n • • r • – s • l • • r •

3

COMPLÉTER les mots.

Deux bons copains

Ils se connaissent depuis l'école prim*aire*. C'est souvent qu'ils allaient pêcher ensemble à la rivi*ère* ou qu'ils se réfugiaient dans leur rep*aire*, une ruine envahie par les ronces où la lumi*ère* n'avait aucune peine à pénétrer. Leurs deux caract*ères* étaient faits pour les rapprocher. L'un est devenu fonctionn*aire*, l'autre est un milit*aire* que les galons n'ont pas rendu plus fi*er*. On les voit côte à côte au conc*ert* avec leurs épouses et, pour rien au monde, ils n'oublieraient leur rencontre hebdomada*ire* pour une partie de Scrabble ou de pok*er*, l'occasion pour eux de boire un v*erre* ou deux de sylvan*er*.

JEU DE MOTS Composer une phrase insolite en utilisant les mots des listes.

Les sons [ɛs]

> Pas de **e** en finale ?
> Pas d'erreur de genre possible,
> le nom est masculin.
> Malheureusement, la réciproque
> n'est pas vraie...

Les mots finissant par **esse, aisse, ess, ès, èce**

On écrit

esse

une abbesse
une adresse
l'aînesse
l'allégresse
une altesse
une ânesse
une bassesse
une caresse
une compresse
une comtesse
une déesse
une délicatesse
la détresse
une diablesse
une doctoresse
une drôlesse
l'étroitesse
la faiblesse
la fesse
la finesse
une forteresse
la gentillesse
la grossesse
la hardiesse
une hôtesse
l'impolitesse
l'indélicatesse
l'ivresse
une ivrognesse
la jeunesse
la justesse
une kermesse
une largesse
la liesse
une mairesse
une maîtresse
la maladresse
la messe
la mollesse
une négresse
la noblesse
une ogresse
la paresse
une pauvresse
une pécheresse
une poétesse
la politesse
la presse
la prestesse
une princesse
une promesse
une prouesse
la robustesse
la rudesse
la sagesse
la scélératesse
la sécheresse
la souplesse
la sveltesse
la tendresse
une tigresse
un tire-fesses
une traîtresse
une tresse
la tristesse
la vieillesse
la vitesse

aisse

la baisse
la bouillabaisse
la caisse
la graisse
la laisse
le sot-l'y-laisse
le tiroir-caisse

ess

le business
un express
le mess
le show-business
le stress
tubeless (*un pneu*)

eiss

un edelweiss

ès

un aloès
un cacatoès
ou kakatoès
le faciès
le palmarès
le xérès
ou jerez

èce

une espèce
les fèces
une nièce
une pièce
une demi-pièce
un deux-pièces
un emporte-pièce

Remarques

1. Un express (nom masculin) a le sens de : train rapide ou café.
2. Express (adjectif invariable) a le sens de : service, liaison rapides : le réseau express régional (RER); une voie express.
3. Beaucoup de mots en **esse** sont formés à partir d'un adjectif : rude, la rudesse; hardi, la hardiesse, etc.

Curiosité

Un pataquès : liaison vicieuse ou toute faute grossière de langage («je ne sais pas-t-à qui est-ce»).

1

FAIRE les mots croisés ci-contre.

1. On s'y amuse bien.
2. On la sert souvent du côté de Marseille dans les restaurants.
3. Elle tend la main, pitoyablement.
4. Elle vous accueille avec le sourire.
5. C'est le synonyme de courage, intrépidité.
6. Elle pend dans le cou des filles.

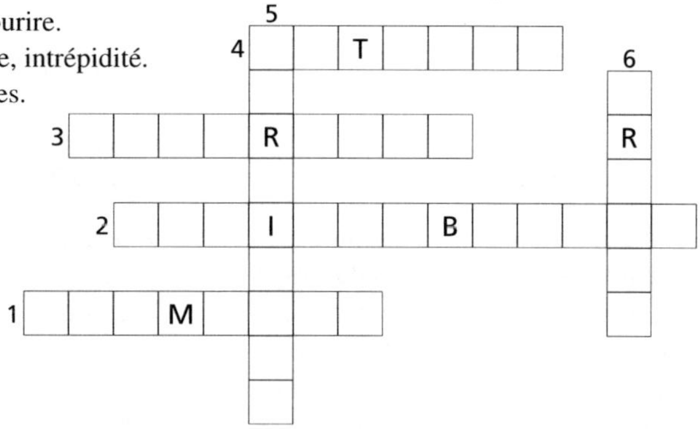

2

ÉCRIRE les adjectifs (au féminin singulier) ayant servi à former les noms ci-dessous.

.... ⟶ la délicatesse
.... ⟶ la faiblesse
.... ⟶ la gentillesse
.... ⟶ la grossesse
.... ⟶ la sécheresse
.... ⟶ la mollesse
.... ⟶ la souplesse
.... ⟶ la rudesse
.... ⟶ la tendresse
.... ⟶ la finesse
.... ⟶ la tristesse
.... ⟶ la joliesse
.... ⟶ la robustesse
.... ⟶ la pauvresse
.... ⟶ l'étroitesse

3

METTRE une **X** dans la colonne correspondante.

	vrai	faux
a) Une doctoresse est l'épouse d'un médecin.	....	....
b) Une abbesse est l'épouse d'un abbé.	....	....
c) Une diablesse est une jeune fille vive et turbulente.	....	....
d) Une pécheresse est la femme d'un pêcheur de sardines.	....	....
e) Une princesse est la fille d'un souverain.	....	....
f) Une comtesse est une dame qui lit des contes à des enfants.	....	....

Les sons [ɛt]

> Neuf graphies différentes… Un indice tout de même : quand il y a **2 t,** le nom est féminin. Seule exception : le **squelette**

Les mots finissant par **ette, ète, ête, aite, aîte, ait, et, eth, ept**

On écrit

ette

une allumette
une assiette
une baguette
une bavette
une bicyclette
une boulette
une brochette
une cachette
une casquette
une chemisette
une côtelette
une courgette
une crevette
une cueillette
une dette
une disquette
une éprouvette
une épuisette
une fillette
une fléchette
une fourchette
une galette
une gaufrette
une gouttelette
une hachette
une infusette
une jupette
une languette
une lunette
une mallette

une mobylette
une moquette
une musiquette
une navette
une noisette
une omelette
une palette
une pendulette
une piécette
une pochette
une poulette
une poussette
une radiocassette
une raquette
une recette
une roulette
une salopette
une savonnette
une serviette
une starlette
une sucette
une tartelette
la toilette
une trompette
une vachette
une vaguelette
une vidéocassette
une violette

un squelette

Retenir	La terminaison **ette** n'a pas d'accent : une placette, une poulette, une tartelette : **ette, elette** sont des suffixes diminutifs.
Remarque	On prononce un fait avec un **t** sonore dans : un fait exprès, un fait accompli.

ète

une arbalète
un (e) athlète
une cacahuète
une comète
le diabète
la diète
une épithète
un (e) esthète
un (e) interprète
une planète
un poète
un prophète
un proxénète
une saynète

analphabète
centripète
helvète
obsolète

ête

une arête
un appuie-tête
ou appui-tête
une bête
un casse-tête
une conquête
une crête
une enquête
une fête
un pense-bête
une quête
un repose-tête
une requête
une tempête
la tête
le tête-à-tête
un trouble-fête

honnête
malhonnête

et

le basket
le cricket
le fret
le gadget
un jet (*avion*)
un service let ou
net (*au tennis*)
un pick-pocket
un set
un soviet

aite

la défaite
sur ces entrefaites
la retraite
la traite

aîte

le faîte

ait

un fait

eth

l'aneth (*plante aromatique appelée fenouil bâtard, faux anis*)

ept

sept

1

LIRE les couples de mots suivants. Ajouter les accents oubliés. Vérifier avec le dictionnaire.

Un athlete – un corps athletique
Interpreter un rôle – un interprete
La diete – une dieteticienne
Une arbalete – un arbaletrier
Une planete – un planetarium
Une poetesse – un poete
Le proxenetisme – un proxenete
Le diabete – un diabetique

2

METTRE une **X** dans la colonne correspondante.

	vrai	faux
a) Une barquette est une petite barque.	....	....
b) Une caissette est une petite caisse.	....	....
c) Une noisette est une petite noix.	....	....
d) Une belette est une petite poire blette.	....	....
e) Une briquette est une petite brique.	....	....
f) Une cordelette est une petite corde.	....	....

3

COMPLÉTER les mots.

Bébé

Il se débarrasse de sa sucette pour grignoter une gaufrette. Maman lui a bien noué une serviette autour du cou mais il n'a de cesse de la tirer pour jouer. Il fera votre conquête par ses sourires, ses mimiques amusantes. C'est la vedette de la maison. La boîte d'allumette traîne à portée de ses petites mains. Il l'ouvre et en répand le contenu sur le sol. Victoire ! Il renverse sa poussette. Victoire encore ! Il essaie de traîner la lourde chaise qui résiste. Il tire à lui la nappe et tout ce qu'elle supporte. Maman l'arrête à temps. Défaite ! Bébé habite une planète où le mal n'existe pas.

Dans leur quasi-totalité, les mots de cette page sont soit des noms masculins, soit des adjectifs au masculin

Les mots finissant par **eu, eue, œu, œud, euh, eux**

On écrit

eu

un adieu
un (dés) aveu
(un) bleu
un cordon-bleu
le camaïeu
un cheveu
un dieu
un émeu
l'épieu
l'essieu

le feu
un boutefeu
le cessez-le-feu
un contre-feu
le couvre-feu
un pare-feu
un pique-feu
le pot-au-feu

l'hébreu

le jeu
un enjeu
franc-jeu
hors-jeu

le lieu
un chef-lieu
le milieu

un moyeu
un neveu
(un) peu
le pneu

eue

la banlieue
(la) bleue
une lieue

la queue
un hochequeue
un rouge-queue
un tête-à-queue
ou tête à queue

œu

un vœu

œud

un nœud

euh

euh !
peuh !

eux

ceux
le creux
un cul-terreux
deux
eux
un gueux
un maître-queux
(tant) mieux
un mieux

Adjectifs (dont beaucoup sont aussi des noms)
audacieux
capricieux
gracieux
soucieux

hasardeux
hideux

mélodieux
studieux

filandreux
poudreux

avantageux
marécageux

moyenâgeux
contagieux
prodigieux
religieux

besogneux
dédaigneux
soigneux

fougueux
rugueux

fabuleux
frauduleux
moelleux

chatouilleux
orgueilleux
périlleux
pointilleux

fameux
venimeux

faramineux
intraveineux
vertigineux

harmonieux
cérémonieux

adipeux
sirupeux

aqueux
visqueux

aventureux
liquoreux
poussiéreux
vigoureux

graisseux
paresseux

caillouteux
honteux

ambitieux
minutieux

affectueux
majestueux
vertueux

nerveux
vieux
envieux
pluvieux
anxieux
gazeux

Curiosités
L'adjectif feu (e) signifie : défunt (e) depuis peu.
La feue reine, ma feue mère : accord après les déterminants.
Feu la reine, feu ma mère : pas d'accord avant les déterminants.
A la queue leu leu : de l'ancien français « à la queue le leu (loup) », l'un derrière l'autre, comme vont les loups, paraît-il.

1

COMPLÉTER les mots à l'aide des listes.

un chev............... – une qu............... – un v............... – le n............... – hors-j............... – un chef-li............... – une banli............... – un adi............... – un ambiti............... – un vanit...............

2

Même exercice. Attention ! pluriels différents.

des nev............... – des banli............... – des enj............... – des pn............... – des rouges-qu............... – des contagi............... – des b............... – des cordons-bl............... – des ambiti............... – des n...............

3

TROUVER une dizaine d'adjectifs terminés par **eux** qui ne sont pas donnés dans les listes de mots.

4

DÉCOUVRIR les 5 mots en **eux** et en **eu** dans chaque grille.
Ils peuvent être écrits dans tous les sens : ↔ ↕ ⤢ ⤡

A	Y	Z	K	F	X	A	E	K	S
G	R	A	C	I	E	U	X	C	R
I	V	U	L	M	D	T	U	W	H
W	X	K	G	K	S	J	E	J	G
H	H	V	N	U	X	B	U	S	T
C	G	O	G	U	E	C	Q	L	D
F	S	E	E	D	B	U	A	R	B
S	O	I	G	N	E	U	X	U	K
P	V	Q	L	J	R	Z	N	V	V
M	R	T	P	U	O	I	Q	M	I

A	F	A	M	E	U	X	M	U	B
X	C	T	K	X	S	B	T	H	L
E	D	O	R	F	Z	S	Y	N	D
T	U	X	U	C	P	D	I	K	B
X	E	E	Z	V	W	I	S	E	L
M	O	Y	E	U	R	T	K	L	U
H	N	R	S	M	Z	E	S	R	H
K	C	J	Z	G	Y	T	F	P	V
O	R	R	N	V	Q	P	M	E	T
C	L	P	F	V	N	H	X	L	U

JEU DE MOTS Écrire deux ou trois phrases sur ce modèle.

En plein coup de feu (moment de presse), le maître-queux laisse tomber sa toque dans la marmite du pot-au-feu ; tout honteux, il recommande son âme à Dieu et voilà qu'il quitte le sol et monte, monte vers l'essieu, pardon ! vers les cieux.

Les sons [œR]

> Observer les mots ayant une orthographe particulière, plus ceux d'origine étrangère

Les mots finissant par **eur, eure, eurre, eurt, œur, œurs, er**

On écrit

eur

un ascenseur
le bonheur
le boxeur
le bricoleur
le camionneur
un chauffeur
un chou-fleur
le coiffeur
un coureur
un danseur
le déshonneur
un dompteur
un électeur
un entraîneur
un footballeur
un fourreur
un grimpeur
l'honneur
un inventeur
un joggeur
le laveur
le livreur
le malheur
un moteur
un nageur
un patineur
des pleurs
un plongeur
un répondeur
un souffleur
un transporteur
un utilisateur
le vainqueur
le voleur

une aigreur
une ardeur
la blancheur
la chaleur
la couleur
la douceur
la douleur
une épaisseur
la fadeur
une fleur
la fraîcheur
la froideur
la fureur
la hauteur
une horreur
l'humeur
la largeur
la lenteur
la longueur
la maigreur
la minceur
la noirceur
une odeur
la pâleur
la pesanteur
la peur
la raideur
la rigueur
une senteur
une splendeur
la tiédeur
la valeur
la vapeur
la vigueur

eure

une heure
une demeure

eurre

le babeurre
le beurre
un leurre

eurt

un heurt

œur

le chœur (*ensemble de chanteurs*)
le cœur
la rancœur
une sœur

œurs

les mœurs

er

un best-seller
un blazer*
un bookmaker
un bulldozer*
un challenger
un cutter*
un dealer
un freezer
un führer
un hamburger
un leader
un manager*
un outsider
un rocker ou rockeur
un schnauzer (*chien à poil dur d'origine allemande*)
un scooter
un shaker
un speaker
un thriller

* *Les terminaisons de ces mots ont deux prononciations possibles.*

Retenir	Qu'ils soient masculins ou féminins, les noms terminés par les sons [œR] s'écrivent **eur.** *Exceptions :* l'heure, la demeure, le babeurre, le beurre, un leurre, un heurt, le cœur, la rancœur, la sœur, le chœur, les mœurs, et les mots d'origine étrangère comme : un rocker… et un yorkshire (petit chien d'origine anglaise).
Remarque	Mœurs (toujours au pluriel) se prononce avec ou sans **s** sonore.

1

RETROUVER dans la grille tous les mots de la liste. Ils peuvent être écrits dans tous les sens : ↔ ↕ ⤢ ⤡

HEURE
DEMEURE
BEURRE
BABEURRE
LEURRE
HEURT
MŒURS
RÉPONDEUR
FREEZER
CUTTER
MANAGER
DEALER
OUTSIDER
HAMBURGER

R	E	P	O	N	D	E	U	R	M	E	R
X	B	E	U	R	R	E	N	S	R	E	M
B	A	N	P	M	P	R	Y	R	D	B	A
Y	B	X	Z	H	O	Z	U	I	C	H	N
D	E	M	E	U	R	E	S	D	L	A	A
H	U	B	W	I	L	T	U	G	F	M	G
V	R	S	Y	J	U	D	X	R	X	B	E
C	R	J	H	O	L	O	E	N	S	U	R
H	E	U	R	E	T	V	Q	A	M	R	Z
Q	H	K	E	K	U	C	B	P	L	G	X
F	R	E	E	Z	E	R	D	W	H	E	T
D	M	L	F	G	C	U	T	T	E	R	R

2

COMPLÉTER les mots.

Tu feras du sport

Louis se faisait remarquer par sa lent*eur*……, la pâl*eur*… de son teint, son manque d'ard*eur*…. Le médecin fut catégorique : cet enfant devait faire du sport. Il avait le choix : devenir cour*eur*… à pied, nag*eur*…, patin*eur*…, football*eur*… ou même box*eur*…. Il opta pour l'athlétisme. Au début, le c*oeur*… n'y était pas. La course, le saut en haut*eur*…, le saut en longu*eur*…, le lancer de poids exigèrent des efforts difficiles sous la conduite d'un entraîn*eur*… sévère. Mais maintenant que Louis a retrouvé la fraîch*eur*… et la vigu*eur*… de son âge, il passerait des h*eures* sur le stade.

JEU DE MOTS Ce petit texte permet de mémoriser les mots dont l'orthographe est particulière.

Le **yorkshire** et le **schnauzer** qui gardent ma **demeure** ont de drôles de **mœurs** : ils mangent à toute **heure**. Au moindre **heurt** entre nous, ils font les boudeurs mais ce n'est qu'un **leurre** ; bien vite ils viennent réclamer leur tartine de **beurre** ou leur écuelle de **babeurre**.

Les sons [ik]

Globalement, deux graphies se partagent les sons [ik] : **ic** et **ique.** Apprendre les rarissimes exceptions d'origine étrangère en **ick** et **ïk**

Les mots finissant par **ic, ick, ïk, ique**

On écrit

ic

un alambic
le basilic
un bic
un bric-à-brac
de bric et de broc
le chic
clic !
couic !
un cric
le déclic
un diagnostic
un flic
du fric
le hic
un laïc ou laïque
un loustic
le mastic
le pic
le plastic
un porc-épic
un pronostic
le public
un syndic
un tic
le trafic

ick

un brick
un stick

ïk

un haïk

ique

Noms masculins
un cantique
un critique
un domestique
le générique
un lexique
un moustique
un périodique
le périphérique
un pique-nique
le plastique
le portique
le (s) tropique (s)
un viatique

Noms féminins
une applique
une barrique
la basilique
une bique
la botanique
une bourrique
une boutique
une brique
la céramique
la clinique
une clique
la colique
une crique
une critique
la fabrique
la mécanique
une mimique
la mosaïque
la musique

la panique
une pique
la politique
la pratique
une relique
une réplique
une république
une rubrique
la tactique
une tique
une trique
une tunique

l'électronique
la génétique
l'informatique
l'optique
la phonétique
la statistique

prendre ses cliques et ses claques

Adjectifs les plus usuels masculins-féminins
académique
alcoolique
antique
aquatique
(ant) arctique
asiatique
atomique
automatique
biologique
catholique
chimique
chronique
comique
cubique
désertique
diététique
domestique
dynamique
électrique
énergique
(in) esthétique
exotique
fanatique
féerique [ferik]
géologique
gothique
gymnique
héroïque
historique
hygiénique
identique
ironique
logique
lyrique
magnifique
mécanique
mélodique
métallique
nautique
nordique
numérique
oblique
océanique
olympique
optique
pacifique
physique
poétique
psychique
psychologique
rustique
rythmique
sceptique
scientifique
sphérique
synthétique
tactique
technique
théorique
thermique
toxique
tragique
utopique
véridique
vinique

Exceptions
1. Chic : invariable en genre. *Exemple :* des robes chics (Larousse).
2. Laïc : l'enseignement laïc (ou laïque), l'école laïque.
3. Public : le service public, la fonction publique.

1

RETROUVER et écrire les homophones des mots suivants :
Exemple : un tic – une tique
un cric – du basilic – le mastic (penser à un verbe) – du plastique – un pic – un clic – une brique – un bic

2

FORMER et écrire les mots en assemblant les syllabes de gauche à droite.

MOUS	TIC
TRA	CLIC
CRI	TIC
MAS	FIC
DÉ	TIQUE
LOUS	TIQUE

A	RIO	NIC
GÉ	NOS	RIQUE
AR	LAM	TIQUE
DIAG	NÉ	TIC
DO	SE	BIC
PÉ	MES	DIQUE

3

COMPLÉTER les mots suivants : **t** ou **th** ?
ca……olique – au……omatique – dié……étique – es……étique – go……ique
an……ique – a……omique – ……ermique – ……éorique – u……opique

4

CROISER les adjectifs donnés avec d'autres adjectifs en **ique**.

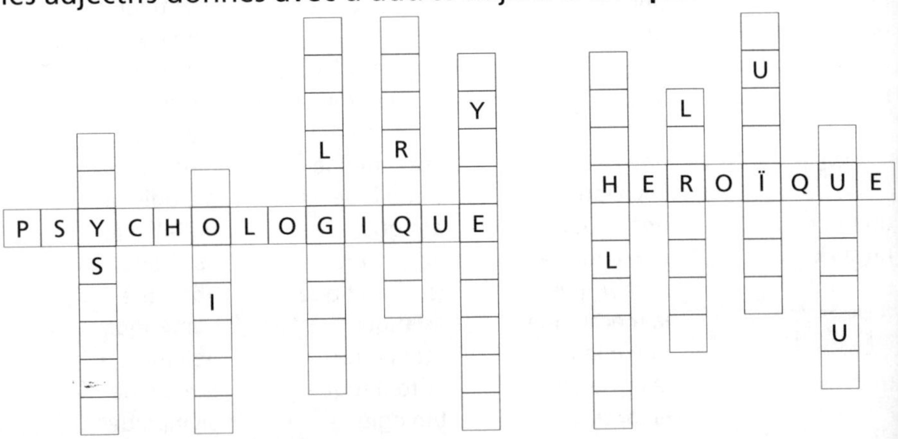

Les sons [il]

> Commencer par les noms féminins avant de s'attaquer aux noms masculins et aux adjectifs

Les mots finissant par **ile**

On écrit

ile

Noms masculins

un asile
un campanile
un concile
un débile
le domicile
un édile
un évangile
un fossile
un imbécile
un (anti) missile
le mobile
le nautile
le projectile
un reptile
le textile
un ustensile
un vigile
un volatile

Noms féminins

l'argile
une automobile
une file
l'huile
une île
une pile
une presqu'île
une (photo) pile
une sébile
une tuile
une vigile

Noms mixtes

un (e) bédéphile
un (e) bibliophile
un (e) cartophile
un (e) cinéphile
un (e) discophile

un (e) colombophile
un (e) cynophile
un (e) haltérophile
un (e) hémophile
un (e) nécrophile
un (e) pédophile

un (e) anglophile
un (e) francophile
un (e) germanophile
un (e) russophile
un (e) xénophile

Adjectifs
invariables au féminin

agile
débile
(in) délébile
(in) docile
ductile
érectile
facile
(in) fertile
fébrile
fissile
fragile
futile
gracile
(in) habile
malhabile
hostile
imbécile
infantile
juvénile
(im) mobile
nubile
sénile
servile
stérile
tactile
(in) utile

versatile
vibratile
volubile

aéromobile
automobile
hippomobile
locomobile

bissextile
(toujours féminin)

▸ *et d'autres mots plus savants*

Les mots finissant par **il, ile, ille, yl, yle, ylle, eal**

On écrit

il

- avril
- le babil
- un baril
- un chenil
- un cil
- un civil
- le courtil *(petit jardin)*
- l'exil
- le fenil
- un fil
- le grésil
- un gril
- du mil
- un péril
- un pistil
- le profil
- un stencil
- un terril
- le toril

Adjectifs variables au féminin

- (in) civil (e)
- puéril (e)
- subtil (e)
- vigil (e)
- vil (e)
- viril (e)
- volatil (e)

ille

- un bacille
- mille
- tranquille
- une ville

yl

- le Crésyl
- le Rhovyl

yle

- le (péri) style
- le vinyle
- ▸ *et d'autres mots plus savants*

ylle

- une idylle

eal

- le sex-appeal

Remarques

1. Gril se prononce [gRi] ou [gRil].
2. Le coutil, le fournil, le fusil, gentil, un goupil, le nombril, un outil, un persil, un sourcil se prononcent [i].

1

DONNER oralement le sens des mots de la liste terminés par l'élément **phile**, du grec *philos* : **ami** ou *philein* : **aimer**.

2

PRÉCISER la différence de sens entre les homophones ci-dessous.
un volatile-volatil (e) ; un vigile-une vigile ; du mil-mille ; une ville-vil (e) ; le fil-une file ; un faux cil-un fossile.

3

RETROUVER les 5 mots (en **ile** et en **ille**) cachés dans chaque grille.
Ils peuvent être écrits dans tous les sens : ↔ ↕ ⤢ ⤡

A	R	G	N	C	M	K	Q	B	U
F	Q	E	O	D	L	J	C	Y	T
P	S	T	E	D	R	U	P	O	S
G	F	H	T	X	V	L	M	L	R
L	W	E	K	P	I	S	T	I	L
X	S	I	Y	R	X	L	C	B	Q
T	N	V	R	Z	I	B	H	A	P
C	H	E	N	I	L	A	B	B	O
Z	T	U	E	Y	D	Z	H	I	N
X	F	W	J	G	K	J	A	L	M

E	B	A	Z	Q	C	Y	A	W	N
X	I	D	R	E	A	T	F	R	S
N	S	F	D	E	M	V	S	G	M
C	S	B	C	P	P	M	B	B	X
M	E	L	D	Z	A	T	A	R	T
U	X	T	Y	T	N	C	I	H	Q
O	T	E	X	T	I	L	E	L	P
B	I	J	I	L	L	H	I	G	E
U	L	K	L	J	E	O	K	L	M
Z	E	E	A	X	U	Y	H	N	O

4

RÉFLÉCHIR et ne pas perdre le fil.
Si un anglophile est le contraire d'un anglophobe, quel est le contraire d'un russophile ? d'un germanophobe ? d'un anglophile ? d'un francophile ? d'un xénophobe ?
Sachant que **phile** veut dire **aimer**, et **phobe**, **ne pas aimer**, **avoir peur de**…

JEU DE MOTS Composer une phrase insolite en utilisant les mots des listes.
Exemple : Un cynophile puéril, peut-être un peu débile, décida de construire un chenil sans tuile, dans une île, pour y mettre à l'abri de tout péril, les chiens de son fusil de chasse.

Le son [j]

> Ne pas se laisser impressionner par la grande diversité des graphies possibles, les exceptions, elles, sont peu nombreuses

Les mots finissant par **ille, ail, aille, eil, eille, œil, ueil, euil, euille, ouil, ouille**

On écrit

ille

une béquille
une bille
une brindille
une coquille
une espadrille
une estampille
une fille
une grille
une guenille
une morille
une myrtille
une pastille
une quille
la vanille

un gorille
un quadrille

ail

l'ail
un attirail
un bail
le bercail
le bétail
le corail
le détail
un émail
un épouvantail
un éventail
le gouvernail
le portail
le rail
un soupirail
le travail
un vitrail

aille

la broussaille
la caille
une canaille
une cisaille
une écaille
la ferraille
la limaille
une maille
la mangeaille
la marmaille
la pagaille
la paille
la rocaille
une trouvaille
la volaille

eil

un appareil
un conseil
un éveil
un orteil
un réveil
le soleil
le sommeil
le vermeil

œil

un œil
un clin d'œil
un trompe-l'œil
un œil-de-bœuf
un œil-de-perdrix
le tape-à-l'œil

eille

une abeille
une corbeille
une corneille
la merveille
une oreille
l'oseille
la treille
la veille
la vieille

ueil

un accueil
le bourgueil
un cercueil
l'orgueil
un recueil

Exceptions

1. aïe !, un cobaye, un bonsaï, la papaye, un samouraï, du skaï.
2. La paye.

euil

le bouvreuil
le cerfeuil
un chevreuil
le deuil
un écureuil
le fauteuil
le seuil
le treuil

euille

une feuille
le chèvrefeuille
le millefeuille
le portefeuille

ouil

le fenouil

ouille

une andouille
la citrouille
une douille
la fouille
une fripouille
une gargouille
la grenouille

la houille
une nouille
la patrouille
la ratatouille
la rouille
la vadrouille

Remarque

La finale **euil** devient **ueil** devant la lettre **c** et la lettre **g.**
Exemples : accueil, orgueil.

1

RETROUVER 4 noms de 2 syllabes et 4 noms de 3 syllabes.

CER	NOUIL
OR	TEUIL
FE	CUEIL
FAU	GUEIL

E	PA	RAIL
GOU	CU	DRILLE
SOU	PI	NAIL
ES	VER	REUIL

2

RECHERCHER dans les listes les mots qui peuvent être croisés avec le mot ÉPOUVANTAIL.

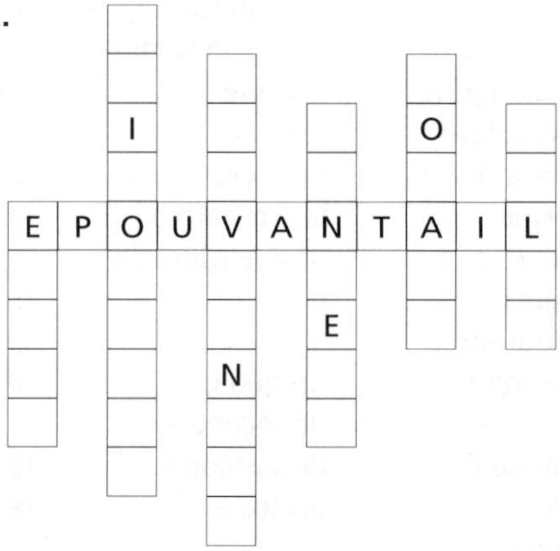

3

COMPLÉTER les mots.

Une opération de police

A six heures du matin, les forces de police bouclèrent le quartier. Leur intention était de surprendre dans leur sommeil les malfaiteurs installés dans les caves d'un immeuble. Mais avant qu'elles n'opèrent leur fouille, un guetteur donna l'alarme aux fripouilles Et l'on vit sortir d'un soupirail, à peine vêtue, l'œil hagard, toute cette canaille pressée de reprendre sa vadrouille, abandonnant sur place quantité d'objets volés et tout l'attirail des cambrioleurs chevronnés. Ils n'allèrent pas loin. Leur accueil était organisé dans la rue voisine.

Le son [i]

Relever les noms féminins qui ont une finale de noms masculins et, inversement, les noms masculins qui…

Les mots finissant par **i, ie, is, it, il, ix, id, its, iz, y, ys, ye, ee**

On écrit

i

un abri
un ami
un apprenti
un appui
un défi
l'ennemi
un ennui
un épi
l'étourdi
le favori
le gui
l'infini
lundi
mardi
merci
un parti
un pli
le ralenti
un rôti
le souci
un taxi
un tri

la fourmi

ie

une amie
une apprentie
la barbarie
une bizarrerie
la boucherie
une bougie
la boulangerie
la charcuterie
une éclaircie
l'énergie
une ennemie
une envie
la géographie
une insomnie
la librairie
une maladie
la mie
la myopie

une papeterie
la partie
la patrie
la pharmacie
une photographie
la physionomie
une pie
la pluie
une scie
la sympathie
une teinturerie
la vie

un génie
un incendie
un parapluie
un sosie

is

l'anis
un avis
un colis
un croquis
un débris
un gâchis
un logis
le maquis
le paradis
un radis
un semis
un taillis
un tapis
un taudis

la brebis
la souris

ys

le pays

it

un bandit
un bruit
un circuit
un conduit
un esprit
un fruit
un habit
le lit
minuit
le produit
le profit
le récit
un réduit

la nuit

il

coutil
fournil
le fusil
gentil
goupil
le gril
le nombril
un outil
le persil
un sourcil

id

un muid
un nid

iz

le riz

its

un puits

ix

un crucifix
une perdrix
un prix

y

un jury
une nursery
un pénalty
un puy
le rugby
le whisky

ye

une abbaye
un rallye

ee

un jamboree
un (e) yankee

1

DONNER un mot dérivé correspondant aux noms suivants et qui justifie la lettre finale du mot :

bruit ⟶ le bruitage	produit ⟶	tamis ⟶ ....
maquis ⟶	tapis ⟶	riz ⟶ ....
habit ⟶	avis ⟶	bandit ⟶ ....
vis ⟶	lit ⟶	confit ⟶ ....

2

RETROUVER le nom correspondant aux verbes suivants :

loger ⟶ un logis	cliqueter ⟶ un	fouiller ⟶ un ....
gazouiller ⟶ un	réciter ⟶ un	tailler ⟶ un ....
apprendre ⟶ un	gâcher ⟶ un	semer ⟶ un ....

3

COMPLÉTER les mots.

L'incendie

C'était dans la nuit........ de lundi........ à mardi........ . J'étais éveillé dans mon Lit........ victime de mon insomnie........ habituelle, aux alentours de minuit........, lorsque j'entendis un grand bruit........ . Aussitôt après, des cris........ . J'écoutai, l'oreille tendue, n'osant bouger. Puis très vite, une lueur d'incendie........ se glissa dans ma chambre faisant luire la glace, les bibelots, le crucifix........ accroché au mur. Dès lors, je n'eus qu'une pensée à l'esprit........ : « Vite, le téléphone ».

4

RECONSTITUER 8 mots avec les syllabes données :

NIE – BAR – PLUIE – MA – MI – SA – TI – DIS – DI – DIE – RIE – IN – PA – EN – PA – BA – SOM – LA – AP – PREN – RA – NE – ME – RA

Les sons [is]

Les mots finissant par **ice, isse, is, iss, ix, ils**

Une constatation s'impose : les noms de métier féminins s'écrivent **ice.** Exception qui confirme la règle : la pythonisse, celle qui fait profession de prédire l'avenir...

On écrit

ice

une ambassadrice
un appendice
un armistice
l'avarice
un bénéfice
le calice
un caprice
une comice (*poire*)
un complice
un délice
un édifice
une épice
une hélice
un hospice
une immondice
un indice
une injustice
un interstice
la justice
un libre-service
la malice
une milice
une notice
une nourrice
un office
un orifice
la police
un précipice
un sacrifice
un service
des sévices
un supplice
une varice
un vice

une actrice
une auditrice
une bienfaitrice
une bissectrice
une cantatrice
une cicatrice
une collaboratrice
une conductrice
une décoratrice
une dessinatrice
une directrice
une éducatrice
une expérimentatrice
une factrice
une imitatrice
une impératrice
une informatrice
une inspectrice
une institutrice
une interlocutrice
une lectrice
une manipulatrice
une organisatrice
une puéricultrice
une réalisatrice
une rédactrice
une séductrice
une simulatrice
une (télé) spectatrice
une traductrice
une tutrice
une usurpatrice
une utilisatrice
une vérificatrice

isse

une bâtisse
une clovisse
une coulisse
une cuisse
une drisse
une éclisse
une écrevisse
une esquisse
une génisse
la glisse
la jaunisse
la mélisse
une métisse
une pelisse
la pisse
une pythonisse
la réglisse
une saucisse
suisse

un narcisse
un petit-suisse

Des adjectifs
adventice
factice
propice
subreptice

is

un bis
le cassis
le cannabis
un ex-libris
gratis
un ibis
un iris
jadis
un lis ou lys
le maïs
un métis
un myosotis
un pastis
un pas-de-vis
le pénis
un pubis
un tamaris
le tennis
un tournevis

une amarylis (ou lis de Saint-Jacques)
une oasis
une vis

iss

un kriss ou criss (*poignard à lame ondulée)*
une miss (*reine de beauté en français ; demoiselle en anglais*)

ix

six
dix

ils

un fils
un beau-fils
un petit-fils
un arrière-petit-fils

Remarque Du pain bis se prononce [bi] – six enfants se prononce [siz] – dix iris se prononce [diz] – six billes se prononce [si] – dix ballons se prononce [di].

1

METTRE une **X** dans la colonne correspondante.

	vrai	faux
a) Un hospice accueille des touristes toute l'année.	....	....
b) Une épice est un pain fait avec du miel.	....	....
c) Une génisse est une jeune vache.	....	....
d) Un ibis est une plante à fleurs violettes, blanches, jaunes…	....	....
e) Une traductrice fait passer (un texte, des paroles) d'une langue dans une autre.	....	....
f) Un interstice est un petit espace.	....	....
g) Un édifice est une construction importante.	....	....
h) Une factrice est un facteur au féminin.	....	....

2

ÉCRIRE le nom ou le verbe correspondant.

un bis → ....

.... ← esquisser

une lectrice → ....

.... ← séduire

une simulatrice → ....

.... ← cicatriser

une notice → ....

.... ← éduquer

3

RECHERCHER dans les listes de mots ceux qui peuvent être croisés avec les mots.

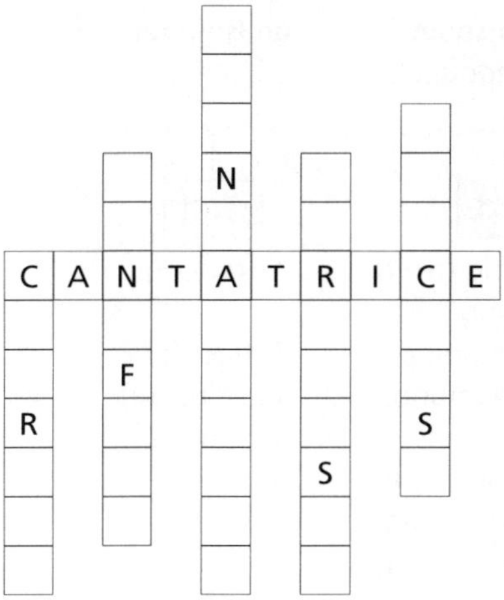

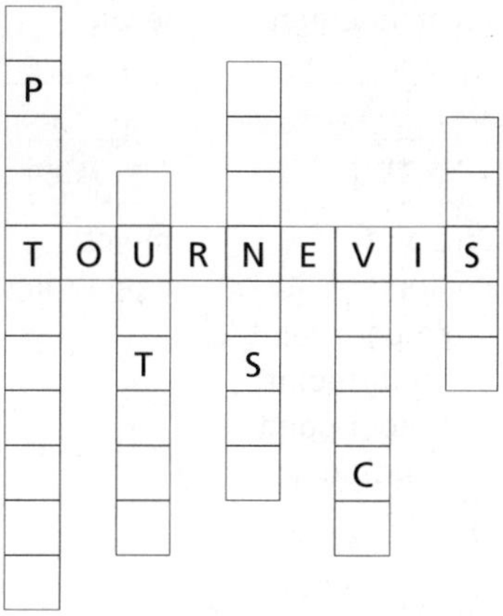

JEU DE MOTS Composer une ou deux phrases en utilisant les mots des listes.

Les mots finissant par **in, ain, int, ins, ing, ingt, inct, inq**

On écrit

in

un arlequin
un bassin
un chagrin
un clin d'œil
un coin
le couffin
un cousin
un coussin
un crin
un dessin
le destin
un écrin
un engin
la fin
un gamin
le jardin
le lapin
le lin
un machin
un mannequin

un marin
le maroquin (*cuir*)
le matin
un médecin
le moulin
un orphelin
un oursin
un pantin
un pépin
le pétrin
un pin
un poussin
le raisin
le romarin
un sapin
un serin (*oiseau*)
le tocsin
un traversin
un tremplin
le vin

alpin (e)
anodin
câlin
clandestin
coquin
divin
enfantin
fin
malin
mesquin
poupin
rouquin
sanguin
taquin

un babouin
le baragouin
un bédouin
un marsouin
un pingouin

ain

un bain
un copain
un écrivain
l'entrain
l'étain
un forain
un fusain
le gain
le grain
le levain
la main
un nain
un pain
le parrain
de plain-pied
un poulain
le refrain
le train
un (sou) terrain

africain (e)
américain
armoricain
lorrain
marocain

certain
châtain
cousin germain
hautain
lointain
mondain
puritain
républicain
(mal) sain
soudain
vain
vilain

int

un point
un appoint
brûle-pourpoint (à)
un contrepoint
un embonpoint
un rond-point
le suint

un joint
un adjoint
ci-joint
un conjoint

ins

moins
néanmoins

ing

un coing (*fruit*)
un poing
le shampoing
ou shampooing

un seing (*signer*)
un blanc-seing
un contre-seing

ingt

vingt

inct

l'instinct

distinct (e)
indistinct (e)
succinct (e)

inq

cinq billes
(on ne prononce pas le **q** devant une consonne)

Les mots finissant par **en, ein, eint, aint, aim, aing, ym**

en

le bien
un chirurgien
un diététicien
un entretien
un galérien
un gardien
le lien
le maintien
un mécanicien
le moyen
un musicien
un opticien
un pharmacien
un quotidien
un rien
le soutien
un technicien
un vaurien

élyséen (ne)
herculéen
un lycéen
méditerranéen
vendéen

algérien (ne)
alsacien
autrichien
brésilien
égyptien
jurassien
vénitien

ein

un dessein (*projet*)
un frein
hein !
le plein
un rein
un sein
serein (e)
un terre-plein
un trop-plein

eint

le teint

astreint (e)
atteint
ceint
enceint
empreint
enfreint
éteint
étreint
restreint

aint

un saint

contraint
craint (e)
maint
plaint

aing

un parpaing

aim

un daim
un essaim
la faim
un coupe-faim

ym

le thym

Remarques

1. Le mien, le tien, le sien : pronoms possessifs.
2. Je tiens, tu tiens, il tient ; je viens… des verbes comme venir, tenir…

1

RECHERCHER dans les listes les homophones des mots suivants.
Exemple : étain – éteint

sein – main – pain – faim – marocain – point – plaint – vin – crin – serin – coin

2

TROUVER un mot de la même famille pour justifier la présence de la lettre finale.
Exemple : le grain ⟶ une graine, un grainetier...

un point ⟶ ....

l'instinct ⟶ ....

sanguin ⟶ ....

certain ⟶ ....

un orphelin ⟶ ....

le maroquin ⟶ ....

3

COMPLÉTER les mots.

Mon journal

De tous les quotidiens du matin, le mien semble être le plus complet. Outre les rubriques habituelles de faits divers et de politique intérieure, il contient des articles sur les pays lointains, des reportages sportifs, une page littéraire, des études économiques, un roman feuilleton d'un grand écrivain et des offres d'emploi concernant de nombreux techniciens : ingénieurs, informaticiens, électroniciens, mécaniciens, électriciens. J'ai, grâce à mon journal, un excellent moyen de me cultiver.

JEU DE MOTS Cette phrase permet de mémoriser certains mots dont l'orthographe est particulière.

Comme mon associé n'était pas un **saint**, d'**instinct**, je fermai mon **poing** sur les **cinq** billets que j'avais en **main** et lui demandai **néanmoins** d'apposer son **seing** au bas du contrat pour mettre un **point** final à notre affaire.

Composer une phrase insolite en utilisant les mots des listes.

Les mots finissant par **o, ot, os, op, oc, oth, ow, aw**

On écrit

o

un bistro
un bravo
du cacao
un cargo
un casino
du chorizo
un duo
un ghetto
le halo
un imprésario
le judo
un lasso
un lavabo
le loto
un numéro
un piano
un trio
un torero
un zéro…

une auto (mobile)
une dactylo (graphe)
un hebdo (madaire)
une info
un kilo (gramme)
une litho (graphie)
la météo (rologie)
le métro (politain)
la moto (cyclette)
une photo (graphie)
la radio (phonie)
le saxo (phone)
la sono (risation)
la stéréo (phonie)
la vidéo (graphie)…

ot

un abricot
l'argot
un asticot
un berlingot
un bibelot
un bistrot
le boulot (*travail*)
un cahot
un caillot
un calot
un canot
un chariot
un chiot
un complot
un coquelicot
un dépôt
un dévot
un entrepôt
un escargot
un flot
un gigot
un goulot
un grelot
un haricot
un hublot
un îlot
un impôt
un lingot
un lot
un magot
un maillot
un marmot
un mégot
un mot
un paletot

un paquebot
un pavot
un pivot
un poivrot
un pot
un prévôt
un rabot
un ragot
un robot
un sabot
un sanglot
un sot
un tricot
le trot

os

le chaos
le clos
un huis-clos
le dos
le héros
un propos
le repos

gros
dispos

oth

un ostrogoth (*aujourd'hui, homme qui ignore la bienséance, la politesse*)

op

le galop
le sirop

trop

oc

un accroc
un broc
un croc
un escroc

ow

un bungalow
un sandow
un show
un show-show
un one-man-show

aw

une squaw

Remarques

1. On entend **s** dans un os ; des os se prononce [o] comme des aulx (ails existe aussi).
2. Pour les noms terminés par **ot, os, op, oc,** souvent, mais pas toujours, un mot dérivé de la même famille peut renseigner sur la terminaison.
   Exemples : un abricot – un abricotier ; un accroc – accrocher…
3. Oh ! quelle surprise !
   Ô mon Dieu !
   Ho ! la belle bleue !

Les mots finissant par **eau, au, aut, aud, aux, ault**

On écrit

eau

un agneau
un anneau
un bandeau
un barreau
un bouleau (*arbre*)
un cadeau
un carreau
le cerveau
un chapeau
un dindonneau
un drapeau
l'eau
un écriteau
un escabeau
un flambeau
un gâteau
un hameau
un lambeau
un manteau
un marteau
un niveau
un panneau
la peau
un pipeau
un plateau
un poireau
un poteau
un rameau
un râteau
un rouleau
un seau (*récipient*)
un tombeau
un traîneau
un veau

un arceau
un berceau
un cerceau
un faisceau
un jouvenceau
un lionceau
un monceau
un morceau
un panonceau
un pinceau
un ponceau
un pourceau
un sceau (*cachet*)
un souriceau
un vipereau
ou vipériau
ou vipéreau

un biseau
un ciseau
un fuseau
un museau
un naseau
un oiseau
un réseau
un roseau

un arbrisseau
un bécasseau
un boisseau
un ruisseau
un tasseau
un trousseau
un vaisseau
un vermisseau

au

l'aloyau
un boyau
un étau
un fabliau
un fléau
un gruau
un joyau
un landau
un matériau
un noyau
un préau
un sarrau
un tuyau

aut

un assaut
un artichaut
chaut (peu me)
un défaut
un gerfaut
haut
là-haut
un levraut
un saut (*sauter*)
un soubresaut
un sursaut

ault

le meursault
(*vin de Bourgogne réputé*)

aud

un badaud
un boucaud
ou boucot
(*crevette grise*)
un cabillaud
un crapaud
un costaud
l'échafaud
un finaud
un lourdaud
un nigaud
un noiraud
un réchaud
un salaud
un saligaud
un soûlaud

chaud (e)

aux

la chaux
la faux
le taux
les noms au pluriel comme :
les chevaux
les canaux…

Remarque Dans certains mots, l'élément **eau** est un suffixe diminutif.
Exemples : Le lionceau est le petit du lion.
Un arbrisseau est un petit arbre.

1

RECHERCHER dans les listes les mots se rapportant à : l'habillement, l'hygiène, la nourriture, la navigation, au jeu, au cheval. Les classer.

2

TROUVER un mot de la famille qui justifie la lettre finale des mots donnés.
Exemple : un sanglot ⟶ sangloter

un gigot ⟶	le galop ⟶ ....
un croc ⟶	le repos ⟶ ....
des os ⟶	un abricot ⟶ ....
le dos ⟶	un cahot ⟶ ....
un accroc ⟶	un tricot ⟶ ....
un grelot ⟶	le rabot ⟶ ....
un propos ⟶	le sirop ⟶ .... (le radical se modifie)
un pot ⟶	un canot ⟶ ....
un sabot ⟶	le trot ⟶ ....

3

COMPLÉTER les mots du menu.

MENU

Hors-d'œuvre :	poir................ en vinaigrette
	salade de mus................ de porc
Légumes :	haric................ au beurre
	artich................ à la barigoule
Plats du jour :	escarg................ à la provençale
	gig................ d'agn................ rôti, piqué d'ail
Fromages :	livar................
	camembert
	roquefort
Desserts :	poires au sir................
	gât................ au chocolat
Boissons :	.... d'Evian
	vin de Bord................ rouge
	chât................ Haut-Pouillot blanc

Les sons [WaR]

Les mots finissant par **oir, oire**

Il faut savoir :
1. que tous les adjectifs qualificatifs s'écrivent **oire,** sauf **noir ;**
2. que tous les verbes s'écrivent **oir,** sauf **accroire, boire, croire**

On écrit

oir

un abattoir
un abreuvoir
un accoudoir
un bavoir
bonsoir
un boudoir
un bougeoir
un butoir
un comptoir
un couloir
un crachoir
un démêloir
le désespoir
un déversoir
un dévidoir
un dortoir
un égouttoir
l'espoir
un fermoir
un frottoir
un grattoir
un greffoir
un hachoir
un heurtoir
un laminoir
un lavoir
un loir
un manoir
un miroir
un mouchoir
le parloir
un peignoir
un perchoir
un plantoir
un pochoir

un poussoir
un présentoir
un pressoir
un racloir
un rasoir
un remontoir
un réservoir
un sautoir
un séchoir
un semoir
le soir
le tiroir
le trottoir

apercevoir
asseoir
avoir
choir
décevoir
devoir
émouvoir
entrevoir
falloir
mouvoir
percevoir
pleuvoir
pouvoir
prévoir
recevoir
revoir
savoir
surseoir
valoir
voir
vouloir

oire

un accessoire
un auditoire
un conservatoire
un consistoire
un directoire
un interrogatoire
l'ivoire
un laboratoire
un mémoire
un observatoire
un pourboire
le prétoire
un promontoire
le purgatoire
un réfectoire
un répertoire
un réquisitoire
un suppositoire
le territoire

compensatoire
dérisoire
éliminatoire
giratoire
illusoire
méritoire
migratoire
obligatoire
préparatoire
probatoire
provisoire
respiratoire
transitoire
vexatoire

sauf :
noir (*masc.*)
noire (*fém.*)

une armoire
une baignoire
une balançoire
une écritoire
la foire
la gloire
une histoire
une mâchoire
la mémoire
la moire
une passoire
une patinoire
une poire
une rôtissoire
une trajectoire
la victoire

accroire
boire
croire

Remarques

1. Jaguar (mammifère voisin de la panthère, à tâches noires), couguar (autre nom du puma), couard (peureux), douar (en Algérie, division administrative rurale ou hameau), square ont la même prononciation finale : [waR].
2. Des déboires : nom masc. plur. (déception, échecs). Rédiger ses Mémoires : nom masc. plur., s'écrit avec une majuscule.

Expressions

Dormir comme un loir (petit rongeur qui dort l'hiver).
Garder une poire pour la soif (se réserver quelque chose pour l'avenir).
Couper la poire en deux (partager les avantages et les inconvénients).

Exercices sur les sons [waʀ]

1

RECHERCHER dans les listes le nom (masculin ou féminin) correspondant aux verbes donnés.

raser →........ nager →........ gratter →........

passer →........ espérer →........ mâcher →........

manger →........ planter →........ rôtir →........

conserver →........ balancer →........ bouillir →........

2

FAIRE les mots croisés.

1. On y dépose la vaisselle une fois rincée.
2. On y apprend la musique, la danse, les arts en général.
3. Il nous renvoie notre image.
4. Les montres à quartz n'en ont plus.
5. Dans les villes, ils ne sont pas toujours propres et dégagés.
6. Tous les pays protègent le leur du mieux qu'ils peuvent.

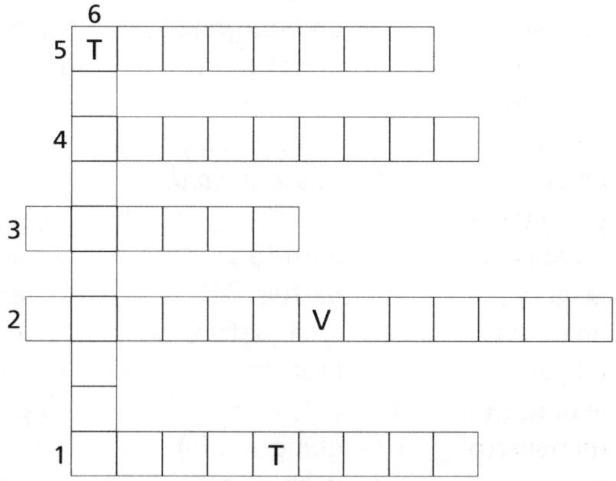

3

COMPLÉTER les mots.

Minou

Il est venu hanter les coul*oirs*.... de l'école, un s*oir*......., sans qu'on sache d'où il venait, Minou, le chat n*oir*...... à la queue coupée. Les enfants l'ont de suite adopté, vous pensez ! Quand les pensionnaires s'installent dans le réfect*oire*...., il vient se poster à une fenêtre, toujours la même, son observat*oire*.... favori, dans l'esp*oir*...... de recev*oir*....... sa part de nourriture.

Sa sieste, il a choisi de la faire dans mon bureau mais, avant de s'y laisser glisser, il tient, par ses miaous plaintifs, à me raconter ses déb*oires*.. et ses désesp*oirs*.... de chat abandonné. Comment le cr*oire*.... en l'entendant ronronner et dormir comme un l*oir*........ !

Ici les homonymes – noms propres et noms communs confondus – peuvent aller jusqu'à quatre comme dans la célèbre comptine : foi, foie, fois, Foix !

Les mots finissant par **oi, ois, oit, oid, oie, oids, oix, oigt**

On écrit

oi

un beffroi
le charroi
un convoi
le désarroi
un effroi
un émoi
un emploi
un (r) envoi
un hors-la-loi
le moi
un octroi
un palefroi
le pourquoi
un pourvoi
quoi
le roi
un tournoi

la foi (en Dieu)
la loi
la paroi

coi (te) (*rester sans bouger, sans parler*)

ois

un anchois
le bois
un bourgeois
un carquois
un chamois
l'empois (*apprêt à base d'amidon*)

autrefois
parfois
quelquefois
toutefois

guingois (de)
le hautbois
un minois
un mois
le patois
le pavois
un pois
un putois
trois
un villageois

une fois

Blois

oit

un détroit

un droit
un endroit
maladroit (e)
un passe-droit

un exploit
le noroît ou norois (*vient du nord-ouest*)
le surcroît (*l'augmentation*)

le toit

soit l'un soit l'autre
(mal) adroit (e)

oie

la baudroie
la courroie

la joie
un rabat-joie

une lamproie
une oie
une proie

la soie
un ver à soie

la voie
une claire-voie
une contre-voie

le foie (*l'organe qui sécrète la bile*)

oix

le choix
le surchoix

la croix

la noix
le casse-noix

la poix

la voix
à mi-voix
un porte-voix

Foix

oid

le froid
le sang-froid

oids

le contrepoids
le poids

oigt

le doigt

Remarques

1. Moi, toi, soi sont des pronoms personnels. On dit quelquefois le moi (l'individu, la personne).
   Exemple : Le moi est haïssable (l'égoïsme est un défaut).
2. Être aux abois – toujours au pluriel – (être dans une situation désespérée).
3. Le caoua : familièrement le café.
4. Pouah !

Exercices sur les sons [wa]

1

TROUVER dans les listes de mots 5 groupes de mots homophones.
Exemple : coi – quoi.

2

ÉCRIRE un mot de la même famille qui rappelle la dernière lettre des mots suivants.
Exemple : le toit ⟶ la toiture

le droit ⟶ ....
le froid ⟶ ....
un exploit ⟶ ....
le doigt ⟶ ....
le bois ⟶ ....
un bourgeois ⟶ ....
le mois ⟶ ....
le villageois ⟶ ....
le pavois ⟶ ....
(penser à un verbe)

3

SAUTER une case à l'aller comme au retour pour découvrir et écrire une expression en 3 mots.

T	E	R	I	O	O	U	V	V	A	E	S	R

X	Z	I	R	O	E	V	S	S	T	N	E	A	R	S

A	I	V	O	O	F	I	A	R	L

E	M	I	A	O	N	F	G	U	E	D	R

4

COMPLÉTER les mots.

Le roi se déplace

Le froid..... commence à reculer. Le roi......... a décidé d'aller vivre en son château de Blois........ Toute la cour est en émoi.......... Les seigneurs les plus en vue n'ont pas le choix..... Ils suivront leur maître. Le jour du départ arrive. Un long convoi........ de carrosses luxueux, de charrettes chargées de vaisselle, de tapisseries, de beaux meubles, s'étire sur les voies... qui mènent à la résidence royale. Au passage, les villageois....... respectueux et ébahis agitent leurs mouchoirs et manifestent dans leur patois...... leur admiration et leur joie.......

Les mots finissant par **ol, ole**

On écrit

ol

un aérosol
un bémol
un bol
un ras-le-bol

un bristol
cévenol (e)
le cholestérol

le col
un cache-col
un faux-col

l'ergol
espagnol (e)
le formol

le parasol
le tournesol

le glycol
un guignol
le kohol
ou khôl (*fard*)
le menthol
mongol (e)

un rossignol

le self-control
un sex-symbol

le sol
l'entresol
le sous-sol

le torcol
ou torcou
le viol
le vitriol

le vol
l'envol
le survol

un antivol

et de nombreux mots savants

ole

une alvéole
(d'après Larousse)
une artériole
une auréole
une babiole
une bagnole
la banderole
une bestiole
la boussole
une bricole
une bronchiole
une camisole
une carriole
une casserole
la chignole
la console
la coupole
l'école
une auto-école
une étole
une farandole
une faribole
une féverole
une fiole
la flammerole
une foliole
la gaudriole
une girandole
la gloriole
une gondole

une idole
une luciole
la malléole
une obole
une parabole
la parole
une profiterole

du grec *polis :* ville
une acropole
une mégapole
la métropole
une nécropole
une technopole

une raviole
la rigole
une rissole
une rocambole
la rougeole
la rubéole
une scarole
une sole
une systole
la variole
la viole
une virole
une yole

un capitole
le créole
un discobole
le gazole
un monopole
le pactole
le pétiole
le pétrole
un porte-parole
un protocole
un symbole

Adjectifs
agricole
apicole
aquacole
arboricole
avicole
bénévole
frivole
horticole
oléicole
ostréicole
piscicole
rizicole
sylvicole
vélivole
vinicole
viticole

Les sons [ɔl] ou [ol]

Les mots finissant par **olle, ool, oll, ôle, aule, aul, all, oal**

On écrit

olle

une barcarolle
la colle
la corolle
une folle
une fofolle
une fumerolle
la girolle

ool

l'alcool
un pèse-alcool

oll

un atoll
le rock-and-roll

ôle

un contrôle
drôle
la geôle
un môle (*une digue*)
un môle (*poisson-lune*)
le pôle
le rôle
un technopôle
la tôle (*métal*)
la tôle ou taule (*prison*)

aule

une épaule
une gaule
une piaule
un saule
la taule (ou tôle)

aul

un maul (*rugby*)

all

le basket-ball
le foot-ball (ou football)
le volley-ball
le punching-ball
le medicine-ball ou médecine-ball

oal

le goal
le drop-goal

Remarques

1. Les adjectifs fou, mou deviennent fol, mol devant un nom masculin commençant par une voyelle ou un **h** muet.
Exemples : un fol espoir ; un mol oreiller.
2. L'expression faire chabrol (ou chabrot) signifie verser du vin dans la soupe, le bouillon (sud-ouest de la France).
La pole position, c'est la première ligne au départ d'une course automobile (au pluriel : des pole positions).
3. Un boat people est un réfugié qui a quitté son pays sur une embarcation inconfortable et souvent surpeuplée.

1

ORTHOGRAPHIER correctement l'adjectif proposé.

(bénévole) – un personnel ....

– des serveuses ....

– une conductrice ....

(horticole) – des serres ....

– une région ....

– un terrain ....

(espagnol) – une ville ....

– des vins ....

– un coureur ....

(vinicole) – une entreprise ....

– des ouvriers ....

– des ressources ....

(mou) – un .... édredon

– une .... activité

– des pâtes ....

2

RETROUVER et écrire les 10 mots finissant par les sons [ɔl] ou [ol] cachés dans la grille. Ils peuvent être écrits dans tous les sens : ↔ ↕ ⤢ ⤡
Souligner les 2 homophones.

T	X	M	O	L	E	E	E	Z	T
Z	V	C	H	X	L	L	B	G	R
B	C	K	O	L	O	G	U	O	G
L	P	X	O	R	T	A	H	A	J
K	V	R	T	R	O	U	P	L	S
P	I	N	K	C	D	L	L	M	N
G	O	H	M	X	N	E	L	T	Z
C	H	L	P	C	D	M	O	E	M
Z	K	R	E	N	P	H	T	G	L
T	B	L	O	O	C	L	A	Z	T

Beaucoup de mots savants dans cette page : à coup sûr, en vérifier le sens aiderait souvent à en mémoriser la forme

Les mots finissant par **om, ome, omme**

On écrit

om	ome	ome	omme
un condom	un atome	un économe	comme
un custom	un axiome	un gastronome	une gomme
un maelström		un métronome	
ou malstrom	le chrome		un homme
un pogrom	monochrome	un aérodrome	un bonhomme
ou pogrome	polychrome	(du grec *dromos :*	un gentilhomme
rom		course)	un prud'homme
un (e) sitcom	un chromosome	un autodrome	un sous-homme
un tom (*tambour*)	le génome	un boulodrome	un surhomme
	un home (d'enfants)	le cosmodrome	
	un idiome	l'hippodrome	la pomme
	un majordome	le vélodrome	un somme
	un mobile home		une somme
	un rhizome	un fibrome	la tomme
	un tome (*livre*)	(l'élément *ome*	ou tome
		désigne une	(*fromage*)
	un agronome	maladie)	
	un astronome	un glaucome	
	un autonome		

Remarque
Au pluriel : des bonshommes, des gentilshommes, les prud'hommes, des surhommes.

Les mots finissant par **um, aüm, ôme, aume,**

On écrit

um

un aérium
un album
l'aluminium
l'aquarium
un arboretum
un arum
un auditorium
le calcium
le chewing-gum
un consortium
le crématorium
un critérium
un curriculum (vitæ)
le duodénum
le forum
le funérarium
un géranium
un harmonium
l'hélium
le lactosérum
le linoléum
le magnésium
un magnum
un maximum
un mémorandum
le minimum
l'oïdium
un omnium
un oppidum
(un) optimum
un planétarium
le plutonium
le podium
un post-scriptum
le potassium
un préventorium
un référendum
le rhum
un sanatorium
un sérum
le sodium
un solarium
le sternum
le summum
un symposium

un Te Deum

l'uranium

un vade-mecum
un vélum ou velum
un vivarium

aüm

un capharnaüm

▸ *et de nombreux mots savants*

ôme

un arôme
la bôme
un diplôme
un dôme
un fantôme
un (e) môme
un monôme
un symptôme

aume

un baume
une baume (*grotte, dans le sud-est de la France*)
le chaume
un guillaume (*outil*)
un heaume
la paume
un psaume
le royaume

Attention !
un arôme – des aromates ; un diplôme – un diplomate ; un dôme – un domicile – un domestique (famille de maison) ; un fantôme – fantomatique ; un symptôme – symptomatique.

Exercices sur les sons [ɔm] ou [om]

1

COMPLÉTER par le bon terme.

Homme ou **home** ?

Un homme mobile (qui voyage) habite souvent un mobile home

(*home* : maison, en anglais).

Un home d'enfants n'est pas fait pour les hommes

(Faux) rhum ou **forum** ?

Le forum dans les villes antiques, était une place centrale.

Aujourd'hui un forum c'est une réunion où l'on débat.

Le fausse rhum serait un breuvage que l'on essaierait de faire passer pour du rhum

Arum ou **arôme** ?

L'arum est une plante qui pousse dans les chemins creux, près des ruines ou des haies. L'arôme est une odeur, un parfum.

2

RETROUVER 10 noms cachés dans la grille : 5 sont terminés par **um,** 3 par **aume,** 2 par : **ome**. Ils peuvent être écrits dans tous les sens : ↔ ↕ ⤢ ⤡

V	X	C	D	K	L	V	S	T	E
E	P	Z	B	S	R	B	T	M	X
L	A	T	X	O	X	V	O	B	Z
O	U	S	W	L	B	N	P	T	R
D	M	R	E	A	O	H	O	M	N
R	E	F	E	R	E	N	D	U	M
O	M	V	T	I	U	X	I	Z	T
M	U	S	S	U	M	M	U	M	R
E	A	V	X	M	H	Z	M	B	S
G	B	E	M	U	A	Y	O	R	D

Les mots finissant par **on**

On écrit

on

un bonbon
du charbon
le jambon

le balcon
un flacon
un flocon
un faucon

un caleçon
une façon
un glaçon
un hameçon
un tronçon

un abandon
un édredon
un espadon

un carafon
un chiffon
un girafon

l'estragon
un fourgon
un badigeon
un bourgeon
l'esturgeon
un pigeon

la légion
la région
la religion

un bouchon
un cochon
un torchon

le marathon
le thon

un avion
un camion
un champion
un million
une réunion

un goujon

un melon
un pantalon
un violon

le carillon
un oisillon
le papillon
le portillon

le démon
le saumon
un sermon

un ânon
un cabanon
un canon

un brugnon
un chignon
le quignon

un crampon
un tampon

le bûcheron
un escadron
un napperon
le vigneron

une chanson
un ourson

une expulsion
une inversion

un chausson
du cresson
la cuisson
la moisson
le poisson
du saucisson

une commission
une confession
une expression
une impression
la mission
la passion
la permission
la pression

une cargaison
une cloison
la conjugaison
la liaison
une maison

une prison
la saison

une décision
une division
une explosion
une invasion
la précision
une provision
la révision

une action
une collection
une déception
l'exception
une fonction
la nation
l'orientation
une punition
la tradition

une annexion
une flexion
la réflexion

un canyon
un crayon
un embryon
le rayon
le sabayon

le gazon
l'horizon

Retenir

1. Dans certains mots comme : ourson, portillon, caneton, **on, illon, eton** sont des suffixes diminutifs.
2. Dom est le titre donné à certains religieux (dom Pérignon).

Le son [ɔ̃]

Les mots finissant par **omb, ompt, onc, ong, ond, onds, ont, onts**

On écrit

omb

l'aplomb
le plomb
le fil à plomb

ompt

prompt (e)

onc

l'ajonc
le jonc
le tronc

ong

long (ue)
oblong (ue)

ond

le bond
un fond
un gond
un (e) moribond (e)
le plafond
le rebond
un rond
un tire-fond
un bas-fond
un haut-fond
(*mer, fleuve*)

onds

un fonds
(de commerce)
des fonds
(au pluriel : *argent*)
les bas-fonds
(de la société,
de la ville)

ont

un affront
l'amont
le front
le mont
le pont

onts

les fonts baptismaux
(toujours
au pluriel : de
fontaine en latin)

Remarque

Comme c'est souvent le cas, la lettre finale d'un mot se retrouve dans un mot de la même famille.
Exemple : un bond → bondir ; le plomb → un plombier

1

TROUVER 2 ou 3 mots qui ne sont pas dans les listes, terminés par **-don -ron -sion -tion -sson**

2

ÉCRIRE soit le nom, soit le mot dérivé, de la même famille.
Exemple : une chanson ⟶ un chansonnier.

le front ⟶ ....
le fond ⟶ ....
.... ⟵ la montagne
.... ⟵ rebondir
le pont ⟶ ....
un rond ⟶ ....
.... ⟵ un affrontement
.... ⟵ joncher
le long ⟶ ....
un tronçon ⟶ ....

3

RETROUVER et écrire les diminutifs des noms donnés.
Se servir des éléments mélangés.

un aigle ⟶ un aiglon
une girafe ⟶ ....
un clocher ⟶ ....
une botte ⟶ ....
du gravier ⟶ ....
une charrette ⟶ ....

ON	VILL	GIR	ARR	AF	ON	AI	ON	GRA	GL
ET	CH	ON	TILL	OCH	ET	CL	ON	BOT	ON

l'oiseau ⟶ l'oisillon
la médaille ⟶ ....
la carafe ⟶ ....
le nègre ⟶ ....
le moine ⟶ ....
le taureau ⟶ ....

GRI	RA	ON	NI	ON	DA	FON	OI	ILL	ON	TA
ME	UR	LL	SILL	LL	ILL	CA	ON	MOI	NE	ON

Les sons [ɔne], [one]

Les mots finissant par **onner, oner, ôner**

Une poignée d'exceptions avec **1 n** : un instant de concentration en viendra vite à bout

On écrit

onner

abandonner (s')
abonner (s')
actionner
additionner (s')
approvisionner (s')
bâillonner
bétonner
bougonner
bouillonner
boulonner
bourdonner
bourgeonner
boutonner
cartonner
chantonner
chiffonner
cloisonner
collectionner
confectionner
coordonner
couronner
cramponner
crayonner
détonner
(en musique, *sortir du ton ;* au sens figuré, *choquer, jurer*)

donner
doublonner
échelonner
empoisonner (s')
empoissonner
espionner
étonner (s')
excursionner
fonctionner
fractionner
fredonner
frissonner
fusionner
gazonner
goudronner
griffonner
harponner
impressionner
klaxonner
mâchonner
maçonner
marmonner
mentionner
ordonner

pardonner
passionner
pensionner
plafonner
raisonner
rançonner
rationner
rayonner
résonner
ronronner
sectionner
sélectionner
sermonner
siphonner
sonner
soupçonner
stationner
tamponner
tonner
tronçonner
visionner

oner

cloner
détoner (*exploser*)
dissoner
époumoner (s')
ozoner
ou ozoniser
ramoner
téléphoner

ôner

prôner
(dé) trôner

Retenir

1. Le chanteur détonne
   Ces couleurs détonnent — **2 n**
   Le canon tonne
   La balle détone **1 n**
2. Généralement les mots de la famille des verbes terminés par **onner** gardent les **2 n.**

Quelques exceptions comme :
sonner → sonnette,
mais sonore → sonorité;
donner → donneur,
mais donateur → donation.

1

ÉCRIRE soit le nom, soit le verbe dérivé.
Exemple : un abandon ⟶ abandonner

un bouillon ⟶	une collection ⟶ ....
une .... ⟵ actionner	un .... ⟵ trôner
une addition ⟶	un tampon ⟶ ....
une .... ⟵ approvisionner	un .... ⟵ tronçonner
une fusion ⟶	une raison ⟶ ....

2

CONTINUER sur le même principe.

le gazon ⟶	le poisson ⟶ ....
le .... ⟵ maçonner	l' .... ⟵ espionner
le harpon ⟶	le téléphone ⟶ ....
la .... ⟵ fractionner	le .... ⟵ soupçonner
le poison ⟶	la vision ⟶ ....

3

UTILISER les verbes **détonner** ou **détoner**.

Ce buffet Henri IV détone dans un intérieur moderne.

Les pétards détonne au milieu des cris de joie et de frayeur mêlées.

Le chef de la chorale fait des gestes désespérés en direction du soliste qui détone.

Malheureusement, dans cette belle page, il y a toute une longue phrase qui détone.

A la stupéfaction du chimiste le mélange gazeux détonne

4

RETROUVER 5 mots de la famille de **raisonner** et **résonner** dont les éléments ont été mélangés.

/UR/RAI/NE/SON – /SON/BLE/NA/RAI/ – /NEM/RAI/ENT/SON/ – /ON/IS/RA/ – /SON/RÉ/CE/AN/.

Les mots finissant par **or, ore, ort**

On écrit

or

un alligator
un butor
un castor
un escalator
un mentor (*guide, conseiller*)
un rotor
stentor (voix de)
un transistor

un bouton d'or
un condor
un conquistador
un corridor
un labrador
un matador
un mirador
un picador
un tchador
un toréador

fructidor
messidor
thermidor
(*mois du calendrier républicain*)

un cor
un décor

un essor
un sponsor

(un) junior
un monsignor ou monsignore
(un) senior

l'état-major
le major
le sergent-major
le tambour-major

le fluor
un quatuor
un septuor
un sextuor

l'or
le technicolor
un ténor
un trésor

ore

une amphore
une aurore
la flore
une métaphore
une passiflore (*fruit de la Passion*)
une pécore (*stupide, prétentieuse*)
la pléthore
une spore

un commodore
le chlore
le drugstore
le doryphore
le folklore
un hellébore
un météore
un matamore
un offshore ou off shore (*bateau rapide*)
un pandore
le phosphore
un pore (de la peau)
le pylore
un sémaphore
un score
un store

bicolore
incolore
indolore
inodore
insonore
monocolore
multicolore
sonore
tricolore
unicolore

Des adjectifs qui sont parfois des noms
budgétivore
carnivore
énergivore
frugivore
herbivore
insectivore
piscivore
vermivore

Des verbes
clore
éclore
enclore
forclore

encore

ort

un aéroport
un apport
un arrière-port
un avant-port
un déport
un héliport
l'import-export
un passeport
un port
un rapport
un report
un sport
un support
un transport

le beaufort
un coffre-fort
le confort
un contrefort
un effort
l'extrafort
un fort
l'inconfort
le raifort
le réconfort
un renfort
le roquefort

un ressort
le sort
le tort

un croque-mort
un mort

la mort

Les mots finissant par **ord, ords, ors, orps, aure, aur, orc**

On écrit

ord

un (dés) accord
un abord
d'abord
bâbord
(*côté gauche d'un navire*)
le bord
un fjord
un hors-bord
un lord
un milord
le nord
un raccord
un record
un rebord
un sabord
tribord
(*côté droit d'un navire*)

ords

le remords

ors

au-dehors
dehors
en dehors
hors

alors
lors

un dix-cors
(*cerf dans sa septième année*)
le mors

orps

un anticorps
un arrière-corps
un avant-corps
le corps
un corps à corps
un corps-mort
un garde-corps
un justaucorps
à mi-corps

aure

un centaure
un dinosaure
maure ou more
un Maure

aur

un hareng saur
(*salé puis séché à la fumée*)

orc

un porc

Remarques

1. Peu de noms sont féminins : la mort et quelques noms terminés par **ore** comme une amphore…
2. Aurifère : qui contient de l'or. Une rivière aurifère.
3. Lors ne s'emploie plus seul. On trouve depuis lors, lors de, dès lors, pour lors…

Expressions

Tout est perdu fors l'honneur (excepté l'honneur) : expression attribuée à François Ier après la défaite de Pavie.

En son for intérieur (au plus profond de sa conscience) ; à cor et à cri (à grand bruit ; avec insistance) ; d'ores et déjà (dès maintenant).

1

RECHERCHER les homophones des mots suivants.
Exemple : le sport – une spore

un port – .... un lord – ....

un cor – .... le chlore – ....

le sort – .... un mort – .... – ....

l'or – .... un fort – .... – ....

2

TROUVER un mot de la même famille qui rappelle la consonne finale des mots suivants :

le bord → .... un port → ....

le nord → .... le sort → ....

un raccord → .... le tort → ....

le mors → .... la mort → ....

le confort → .... un fort→ ....

le sport → .... un décor → ....

3

FAIRE les mots croisés.

1. Il construit des huttes de branchages et de terre dans les cours d'eau.
2. Un lieu de passage en longueur.
3. Une étoile filante.
4. Il permet de monter sans fatigue.
5. Une ancienne vallée glaciaire envahie par la mer.
6. Le contraire de bâbord sur un navire.
7. Le moment où le soleil se lève.
8. Il achève le taureau.
9. Il occupe notre esprit quand on a mal agi.

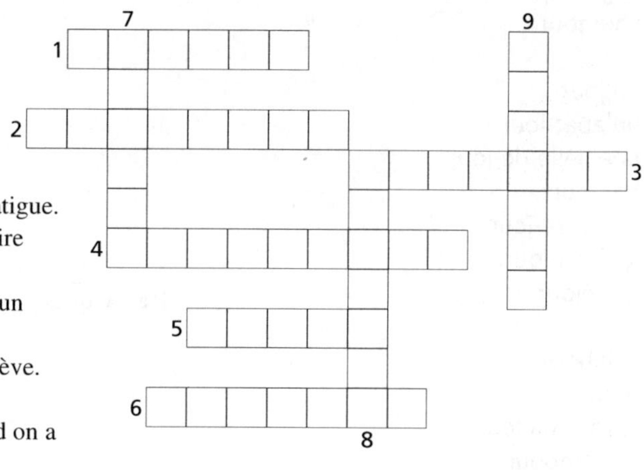

Le féminin des adjectifs renseigne utilement sur la terminaison au masculin

Les mots finissant par **our, ours, ourd, ourg, ourt, ourre**

On écrit

our

l'amour
le désamour
le saint-amour

un autour
(*oiseau*)
un carrefour

la cour
une arrière-cour
une basse-cour

un four
un chaufour
un cul-de-four
un petit-four

le glamour
l'humour

un jour
un abat-jour
une belle-de-jour
bonjour
le contre-jour
le demi-jour
un séjour

le labour
pour
le rocamadour
un tambour

le topinambour
un tour
alentour
autour
le contour
le demi-tour
un détour
le non-retour
le pourtour
le retour

une tour

un troubadour
un vautour
le Yom Kippour

ours

le cours
le concours
le discours
le parcours
le recours
le secours

rebours (à)
toujours
le velours

un compte-tours

ourd

gourd (e)

lourd (e)
balourd (e)
(un) mi-lourd

sourd (e)

ourg

un bourg
un faubourg
le fribourg

ourt

le court (de tennis)
court (e)

ourre

la bourre

courre (la chasse à)

Remarques

1. Trois noms masculins sont toujours au pluriel : les alentours, aux alentours ; des mamours ; les atours (tout ce qui se rapporte à la parure féminine).
2. Au théâtre, le côté cour est situé à droite du spectateur, le côté jardin à gauche.

Expressions

De première bourre (de très bonne qualité) ; être à la bourre (en retard, pressé) ; sans tambour ni trompette : en secret.

1

ÉCRIRE les mots dont les consonnes ont disparu.

l'a • ou • – un • e • i • • ou • – un • • ou • a • ou • –
le • au • ou • • – un • e • ou • • – un • i • • ou • • –
un • o • • ou • – le • ou • • – un • au • ou • –
un • a • • e • ou •

2

ORTHOGRAPHIER correctement les adjectifs qualificatifs.

(gourd)	(sourd)
des doigts …………	des voix ………… …………
une main …………	des enfants ………… …………
des membres …………	faire la ………… oreille
(lourd)	**(court)**
avoir la main ………… …………	des cheveux ………… …………
des fautes ………… …………	un ………… instant
de ………… fardeaux	avoir la mémoire …………

3

SAUTER une case, à l'aller comme au retour, pour écrire une phrase.

K E I C P N P E O T U I R N E E S P T E U D N E E V F I E U T J E

A N P O P D E R L A E P E D A N U A S R S G I

4

RAPPROCHER les noms des 2 adjectifs qui leur conviennent. Faire l'accord.

des alentours – des mamours – des atours

verdoyant – incessant – éblouissant – pressant – somptueux – reposant.

JEU DE MOTS Cette phrase permet de mémoriser certains mots dont l'orthographe est particulière.

Dans un grand concert de galopades, d'aboiements, de sonneries, la chasse à **courre** a animé les **alentours** du **bourg** et les **parcours** forestiers.

Le son [u]

A part la **nounou** et la **toux,** tous les noms féminins avec le son [u] prennent un **e** final

Les mots finissant par **ou, oue, ous, oux, out, oût, oup, oub, ouc, oug, oul, ouls, oo**

On écrit

ou

l'acajou
le bagou
un bambou
un biniou
un bisou ou bizou
un cachou
cajou (noix de)
le caribou

le clou
un arrache-clou

le cou

un coucou

un écrou
un contre-écrou

un filou

un fou
un garde-fou

le froufrou
le glouglou
un gourou
le grisou
un kangourou
un licou ou licol
un loulou
un manitou
un matou
le mérou

le mildiou

un minou
une nounou
le pistou
un ripou

un sou
un grippe-sou

un tabou
un toutou

un trou
un avant-trou
un bouche-trou

le verrou
le voyou
un youyou

un bijou
un caillou
un chou
un genou
un hibou
un joujou
un pou
prennent **x** au pluriel

mou (molle)
flou (e)

hindou (e)
papou (e)
zoulou (e)

oue

la boue
un garde-boue

la gadoue
une bajoue
la joue
la moue
une proue
une roue

ous

le dessous
le garde-à-vous
nous, vous
un remous
un rendez-vous
sous (un meuble)

absous (absoute)
dissous (dissoute)

oux

le courroux
un époux
du houx
un roux
du saindoux

la toux

doux (douce)
jaloux (jalouse)
roux (rousse)

out

le bout
un égout
un fait-tout
surtout

oût

août
le coût
le surcoût
le (dé) goût
le moût
le ragoût

oup

beaucoup
un cantaloup
un coup
un loup

oub

le radoub

ouc

le caoutchouc

oug

un joug

oul

saoul (e)
ou soûl (e)

ouls

le pouls

oo

un igloo
ou iglou

Retenir
Les noms masculins terminés par le son [u] s'écrivent généralement **ou** mais aussi **ous, oux, out…**

1

ÉCRIRE le singulier ou le pluriel du nom donné.

le cou ⟶ les ....

un .... ⟵ des poux

un matou ⟵ des ....

un .... ⟶ des ripoux (ou ripous)

le genou ⟵ les ....

un .... ⟶ des verrous

un coup ⟶ des ....

un .... ⟵ des loups

un époux ⟶ des ....

le .... ⟵ les remous

un rendez-vous ⟶ des ....

un .... ⟵ des garde-boue

2

CROISER les mots donnés avec les mots des listes.

mots en **ou**

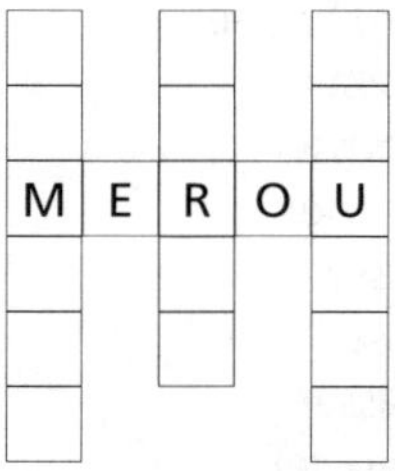

mots en **oue**

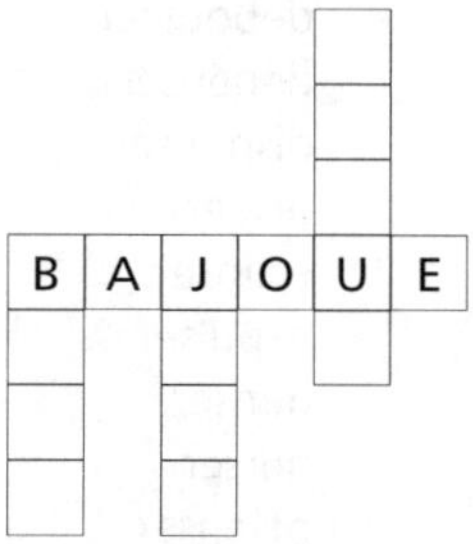

mots en **oux**

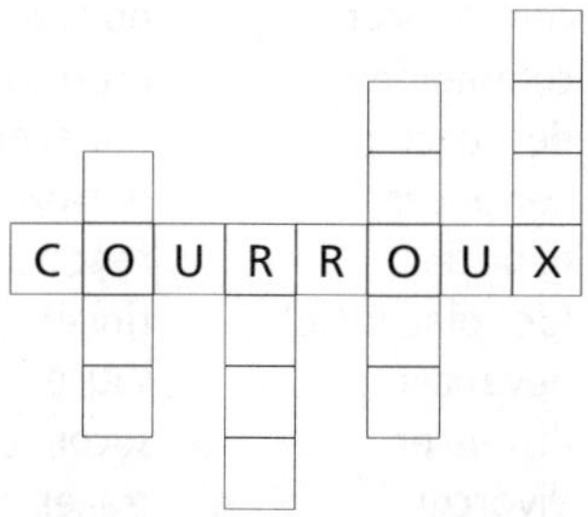

mots en **out-oup**

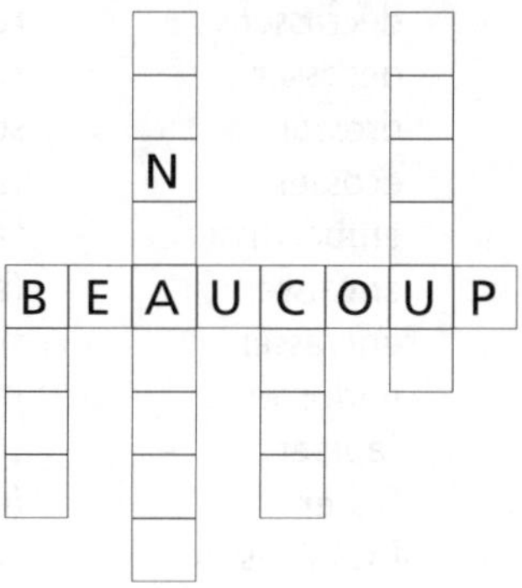

toutes finales

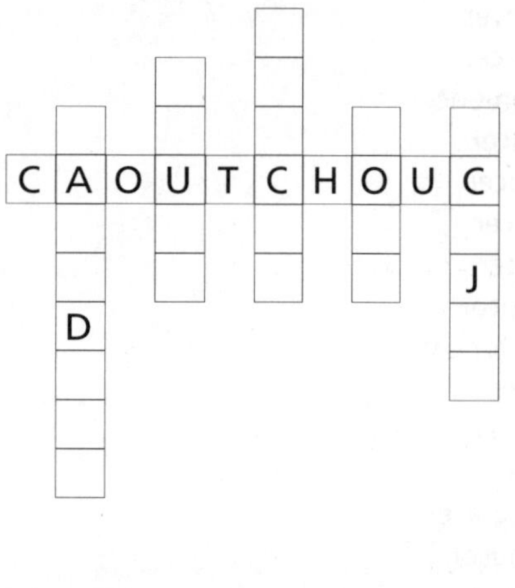

Jamais **2 s** après une consonne

Les mots finissant par **cer, ser, sser**

On écrit

cer

agacer
agencer
amorcer
annoncer
balancer
bercer
cadencer
coincer
commencer
commercer
défoncer
dénoncer
dépecer
(dé) placer (se)
devancer
distancer
divorcer
effacer (s')
efforcer (s')
émincer
énoncer
ensemencer
espacer
exaucer
exercer
fiancer
financer
(dé) foncer
forcer
froncer
gercer
(dé) glacer
grimacer
grincer
influencer
(dé) lacer
lancer
manigancer
menacer
nuancer
(trans) percer
pincer
(rem) placer
poncer
prononcer
rapiécer
renforcer
renoncer
rincer
saucer
sucer
tracer

ser

bouleverser
compenser
compulser
condenser
converser
corser
courser
danser
débourser
dépenser
dispenser
disperser
éclipser
expulser
ganser
herser
offenser
panser
penser
propulser
pulser
recenser
récompenser
rembourser
valser

verser
bouleverser
déverser
inverser
reverser
renverser
traverser

sser

adresser
agresser
amasser
angoisser
(a) baisser
bisser
blesser
bosser
(em) brasser
brosser
cabosser
caresser
casser
cesser
chasser
chausser
(dé) classer
crisser
débarrasser
décrasser
désosser
dresser
écosser
embarrasser
encaisser
encrasser
endosser
fausser
fesser
(dé) froisser
glisser
glousser
(en) graisser
(ex) hausser
hérisser
hisser
jacasser
(dé) laisser
lasser
lisser
masser
matelasser
mousser
paresser
(re) passer
pisser
plisser
potasser
(re) pousser
(com) presser
progresser
ramasser
ratisser
ressasser
rêvasser
rosser
stresser
tabasser
tapisser
(en) tasser
tisser
tousser
tresser
(re) trousser
(dé) visser

1

ÉCRIRE un mot de la même famille pour rappeler les lettres en gras.

amor**c**er	nuan**c**er	adre**ss**er	pare**ss**er
dépla**c**er	pin**c**er	encai**ss**er	mou**ss**er
exer**c**er	rapié**c**er	engrai**ss**er	chau**ss**er
for**c**er	sau**c**er	tapi**ss**er	déso**ss**er

2

RETROUVER les 5 verbes dont les syllabes ont été mélangées.

PRO – LE – TRANS – RE – RÉ – SER – BOU – SER – PEN –
VER – PER – PUL – COM – CEN – SER – CER – SER

3

RECHERCHER dans les listes de mots ceux qui peuvent être croisés avec les mots ci-dessous.

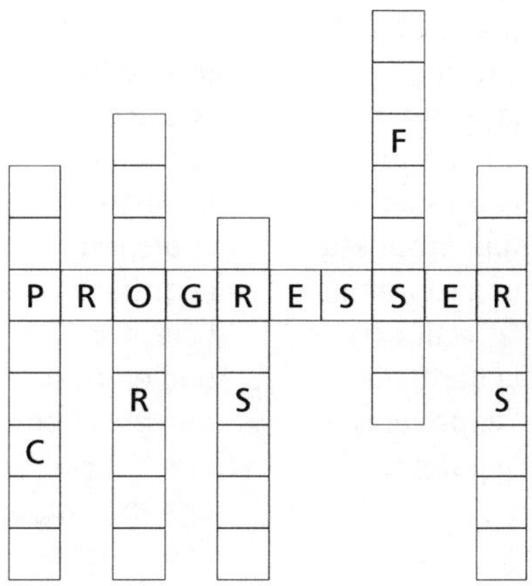

JEU DE MOTS a) Compléter les phrases où un verbe des listes est utilisé dans un sens imagé.
Exemple : Le jeune homme lançait des œillades à la belle.

Sa gentillesse f............... la sympathie de ceux qu'il côtoie.

Le nouveau joueur e............... sans mot dire les reproches de l'entraîneur.

Le patron b............... rapidement le tableau de la situation de l'entreprise.

Pour être acteur il faut assez vite se d............... de toute retenue.

b) Composer des phrases sur ces modèles.

Les sons [si] transcrits par **ti**

résidence → résidentiel
Les adjectifs construits sur ce modèle prennent généralement un **t**

On écrit

une acrobatie	une abolition	une opération	balbutier	insatiable
l'aristocratie	une acclamation	la perfection		présidentiable
la bureaucratie	une addition	la pétition	initier	
la calvitie	une aération	une portion		initial (e)
une démocratie	l'affection	une précaution	actionner	(pré) nuptial (e)
la diplomatie	l'ambition	la prétention	additionner	(im) partial (e)
une facétie	l'audition	la prévention	affectionner	(aéro) spatial (e)
une idiotie	l'aviation	une qualification	ambitionner	
une ineptie	une citation	une ration	auditionner	partiel (elle)
l'inertie	une collection	une réaction	collectionner	concurrentiel (elle)
la minutie	la correction	la relation	conditionner	confidentiel
une péripétie	la création	la respiration	confectionner	démentiel
la presbytie	la destruction	la révolution	émotionner	essentiel
une prophétie	la diction	la rotation	fonctionner	présidentiel
une suprématie	l'édition	une sanction	fractionner	providentiel
la technocratie	l'élection	une section	frictionner	résidentiel
la gentiane	une émotion	une solution	mentionner	torrentiel
l'impatience	une éruption	une station	ovationner	substantiel
la patience	une fiction	la subvention	perfectionner	
	une fixation	la superstition	positionner	ambitieux (euse)
	une fonction	une tentation	rationner	infectieux
	une fraction	une traction	réceptionner	minutieux
	la friction	une tradition	révolutionner	prétentieux
	la gestion	une traduction	sanctionner	superstitieux
	l'imitation	la transition	sectionner	
	l'initiation	la validation	sélectionner	émotionnel (elle)
	l'inspiration	la variation	stationner	fonctionnel
	l'intervention	la vexation	subventionner	opérationnel
	une irruption	une vibration		rationnel
	une location			traditionnel
	une lotion			
	une malédiction			
	une mutation			
	la natation			
	la négation			

Retenir
La terminaison **tion** est bien plus fréquente que la terminaison **sion** ou **ssion.** Elle intéresse des centaines de mots.

1

ÉCRIRE un mot de la même famille qui rappelle la lettre en gras.
Exemple : l'acrobat**i**e ⟶ un acrobat**e**

la diploma**t**ie	une prophé**t**ie	infec**t**ieux
l'aristocra**t**ie	une idio**t**ie	ambi**t**ieux
la bureaucra**t**ie	disgra**c**ieux	mali**c**ieux
la technocra**t**ie	préten**t**ieux	supersti**t**ieux

2

DONNER le nom de la même famille terminé par **tion.**

décrire	isoler	détruire
varier	animer	aspirer
dévier	séduire	sentir
rédiger	émigrer	cesser

3

RETROUVER les mots manquants.
Exemple : la résidence – un résident – résidentiel

la concurrence – un .... – ....
la .... – un confident – ....
la .... – un .... – présidentiel
la démence – un .... – ....

JEU DE MOTS Deux mots de prononciation ou de forme très voisine sont des paronymes.
Exemple : un test – un texte
Corriger les phrases données. En composer d'autres selon le modèle.

Un excité a fait **éruption** dans la pièce en criant.
On voit beaucoup plus M. le Maire depuis son **éjection**.
Les ouvriers ont présenté une **notion** à leur patron.
Le malade ne veut pas prendre sa **portion**.
Son **allocation** est meilleure depuis qu'elle se rend chez l'orthophoniste.

Les sons [te] et [tje]

Les sons [te] s'écrivent généralement **té** pour les noms féminins dérivés d'un adjectif et **tée** pour ceux dérivés d'un nom ou homonymes d'un verbe. Les sons [tje] s'écrivent généralement **tié** pour les noms féminins et **tier** pour les masculins

Les mots finissant par **té, tée, tié, tier**

On écrit

té

Noms généralement dérivés d'adjectifs

une activité
une ancienneté
une antiquité
l'anxiété
la beauté
la bonté
la calamité
la cherté
la cité
la commodité
la cruauté
la diversité
l'étrangeté
la facilité
la familiarité
la fermeté
une fierté
une gaieté
ou gaîté
une habileté
une honnêteté
une hospitalité
l'humanité
l'humidité
une immunité
une indemnité
l'intrépidité
la légèreté
la loyauté
la majesté
la méchanceté
la mendicité

la nécessité
la nouveauté
la nudité
la particularité
la possibilité
la propreté
la propriété
la qualité
une quantité
la rareté
une réalité
la relativité
la représentativité
la responsabilité
la royauté
la santé
la saleté
la sapidité
la sensibilité
la sévérité
la sobriété
la société
la solidarité
une solidité
une sonorité
la témérité
la ténacité
une variété
une velléité
une vérité
une volonté

tée

Noms dérivés d'un autre nom

une assiettée
une brouettée
une charretée
une déculottée
une fourchetée
une hottée
une nuitée
une pâtée
une pelletée
une platée
la potée
la tripotée

une cactée

Homonymes de verbes en **ter**

une accidentée
une amputée
une brevetée
une butée
une déportée
la dictée
une inadaptée
l'invitée
la jetée
une montée
une persécutée
une portée
une révoltée
la tétée

tié

l'amitié
une inimitié
la moitié
la pitié

tier

un abricotier
un avocatier
un cacaotier
un cocotier
un dattier
un églantier
un noisetier

un bijoutier
un bonnetier
un bottier
le cafetier
le charcutier
le corsetier
le courtier
un égoutier
un gantier
un grutier
un îlotier
le laitier
le liftier
le lunetier
le minotier
le miroitier
le muletier
le papetier

le portier
le postier
un potier
un puisatier
un sabotier

un bénitier
un boîtier
un chalutier
le chantier
le compotier
le coquetier
un dentier
un droitier
un émeutier
un héritier
le métier
le mortier
un quartier
un sentier

altier (ière)
côtier (ière)
entier (ière)
fruitier (ière)

1

ÉCRIRE soit l'adjectif, soit le nom en **té** correspondant au mot donné.

cher	⟶	la cherté	sobre	⟶	…………
…………	⟵	la rareté	…………	⟵	l'intrépidité
responsable	⟶	…………	méchant	⟶	…………
…………	⟵	la sonorité	…………	⟵	la possibilité
hospitalier	⟶	…………	nouveau	⟶	…………
…………	⟵	l'antiquité	…………	⟵	la solidarité

2

CHOISIR **tée** ou **ter**.

L'invi………… a été traitée avec beaucoup d'égards.

Les promeneurs décident de mon………… en restant groupés.

Il faut dic………… lentement pour être compris et suivi.

La je………… sera bientôt terminée.

Bébé a cessé de té………… ; il dort.

Louis a réussi sa dic………….

Les travaux terminés, il reste à je………… les gravats.

La té………… de bébé a été longue.

Ils comptent nous invi………… bientôt.

La mon………… a été rude.

3

RETROUVER et écrire la phrase (2 parties) dont les mots sont mélangés.

a)

EN	COMME	PITIÉ	LA	DANS	AMITIÉ

b)

NE	RIEN	A	FAIRE	MOITIÉ	FAUT	IL

JEU DE MOTS Composer une phrase insolite en utilisant les mots des listes.

Exemple : En vacances dans les îles de la Société, un liftier a escaladé un cocotier pour suivre sa moitié. Hélas ! la descente sera plus difficile que la montée : il ne trouve pas le bouton sur lequel appuyer !

Pour trouver une lettre finale, un bon réflexe consiste à chercher un mot dérivé : déb**u**t → déb**u**ter, ab**us** → ab**us**er…

Les mots finissant par **u, ue**

On écrit

u

un accu (mulateur)
le contenu
un cru
un (e) détenu (e)
le dû
un écu
un fétu
un fichu
un hurluberlu
un (e) inconnu (e)
un individu
l'insu (à)
un malentendu
un (e) malotru (e)
le menu
le merlu
le palu (disme)
un résidu
un ru
le tissu
le tohu-bohu
turlututu !
un tutu
un zébu

la bru
la glu
la tribu
la vertu

barbichu (e)
barbu (e)
bossu (e)
bourru (e)
charnu (e)
chevelu (e)
cocu (e)
cornu (e)
cossu (e)
crépu (e)
cru (e)
dodu (e)
dru (e)
écru (e)
farfelu (e)
féru (e)
feuillu (e)
fessu (e)
foutu (e)
fourbu (e)
goulu (e)
impromptu (e)
indu (e)
issu (e)
joufflu (e)
menu (e)
nu (e)
pentu (e)
poilu (e)
pointu (e)
superflu (e)
ténu (e)
touffu (e)
velu (e)
ventru (e)
vermoulu (e)

ue

l'avenue
la berlue
une bévue
la bienvenue
la charrue
la cohue
la cornue
une crue
la décrue
l'entrevue
une étendue
une fondue
la grue
hue !
une issue
une laitue
une longue-vue
une massue

la morue
la mue
une plus-value
un point de vue
la recrue
la retenue
la revue
la rue
une statue
la tenue
la tortue
la venue
la verrue
la vue

tomber des nues
porter aux nues
des allées et venues

Retenir	Ce quatrain contient 4 noms féminins qui ne se terminent pas par **ue :** La doyenne de la tribu Respectée pour sa vertu A demandé à sa bru De ne plus mâcher de glu.
Remarque	Le barbecue se prononce à l'américaine [kju].

Les mots finissant par **us, ux, ut, ul**

On écrit

us	ux	ut	ul
un abus	un afflux	un affût	le cul
le dessus	le flux	un attribut	un cul-de-jatte
un ou	un influx	un bahut	un cul-de-sac
(plus souvent)	le reflux	un bizut (h)	le tapecul
des détritus		un but	
un intrus		un canut	
le jésus		le chahut	
le jus		le chalut	
un obus		le début	
un pardessus		un fût	
le pus		un institut	
le refus		un raffut	
un surplus		le rebut	
le talus		le salut	
		un statut	
camus (e)		un substitut	
confus (e)		un tribut	
diffus (e)			
inclus (e)			
obtus (e)			
perclus (e)			
reclus (e)			

Remarques

1. But : la lettre **t** peut se prononcer ou non.
2. Dans beaucoup de mots terminés par **us** la consonne finale est sonore.
   Exemples : un autobus, l'argus, un virus…
3 Abribus est un nom déposé. Il prend donc une majuscule.
4 Affûter : redonner du fil à une lame.
Raffûter : au rugby écarter un adversaire de la main libre.

1

TROUVER un dérivé qui rappelle la consonne finale du mot donné.
Exemple : un abus ⟶ abuser

un intrus	un institut	un fût	un bizut
le refus	un chahut	un chalut	un but
un reclus	le salut	un attribut	un flux

2

ÉCRIRE correctement les adjectifs en **u** ou **us**.

une déclaration conf..........
des paroles conf..........
des discours conf..........
un propos conf..........

une habitation coss..........
des intérieurs coss..........
un appartement coss..........
des maisons coss..........

3

RETROUVER les 10 noms cachés dans la grille. Ils peuvent être écrits dans tous les sens : ↔ ↕ ⤢ ⤡

I	Z	V	X	B	H	Y	Z	C	Z
X	N	S	H	T	V	S	T	H	V
T	R	D	U	K	T	B	C	A	D
K	D	B	I	A	B	U	S	H	T
H	E	V	T	V	E	R	R	U	E
R	K	U	T	X	I	Z	B	T	U
H	E	R	E	S	I	D	U	D	H
Z	X	S	U	R	P	L	U	S	O
T	S	R	H	J	K	L	M	N	C
M	A	L	E	N	T	E	N	D	U

JEU DE MOTS Composer une phrase insolite en utilisant les mots des listes.

Exemple : Le chahut et le tohu-bohu avaient atteint un tel niveau que l'orateur, bourru et mécontent, enfila son pardessus et se précipita dans la rue poursuivi par un flot de quolibets.

Les sons [yl]

Les mots finissant par **ul, ull, ule, ulle**

Quel que soit leur genre, la grande majorité des noms finissant par [yl] s'écrivent **ule.** Beaucoup de mots courants parmi les exceptions : l'effort de mémoire ne sera pas grand

On écrit

ul

le calcul
le consul
le cumul
le recul
un vice-consul

nul (le)

ull

un pull (pull-over)

ule

une animalcule
le bidule
un conciliabule
un corpuscule
le crépuscule
un édicule
un fascicule
un (e) funambule
un globule
un granule
un groupuscule
un hercule
un matricule
un monticule
un noctambule
un opercule
un opuscule
un pécule
un préambule
un scrupule

un somnambule
un tentacule
un testicule
un tubercule
un véhicule
un ventricule
un vestibule

(in) crédule
minuscule
ridicule

une bascule
la canicule
une capsule
une cellule
la clavicule
la fécule
la férule
la formule

une gélule
une libellule
une lunule
une majuscule
une mandibule
une molécule
une mule
une particule
une pellicule
une pendule
une péninsule
une pilule
une plantule
une radicule
une renoncule
la rotule
une valvule
une veinule
la vésicule
la virgule

ulle

une bulle
une cuculle
le tulle
(de Tulle, la ville)

1

RETROUVER les noms en **ule** qui ont perdu leurs voyelles.

un m • nt • c • l • – un f • sc • c • l • –
une p • rt • c • l • – une c • ps • l •
un h • rc • l • – un gl • b • l • – une p • n • ns • l • –
une p • ll • c • l •
un n • ct • mb • l • – un s • mn • mb • l • –
une m • l • c • l • – la c • n • c • l •

2

REMETTRE les syllabes à leur place pour retrouver :

– 2 expressions familières

SUR	ÊTRE	TULES	LES	RO

LA	VA	A	LULE	LER	PI

– le titre d'une comédie de Molière

RI	LES	CIEUSES	DI	PRÉ	CULES

– une maxime

PAYS	N'EST	EN	PHÈTE	NUL	PRO	SON

3

ÉCRIRE le mot en **ul(l)(e)** qui manque.

Le commerçant a un v.................. tout neuf pour ses livraisons.

La p.................. est l'embryon d'une plante, visible quand la graine germe.

C.................. est synonyme de naïf (naïve).

Les g.................. rouges colorent le sang.

Certains enfants trop fragiles doivent vivre dans une b..................
transparente à l'abri des microbes.

Un(e) s.................. est capable de se déplacer durant son sommeil.

JEU DE MOTS Cette phrase permet de mémoriser certains mots dont l'orthographe est particulière.

Avec le **recul**, le **consul** et le **vice-consul** ont fait un bon **calcul** en acceptant le **cumul** de leur charge avec celle de dirigeants du club sportif regroupant leurs compatriotes.

Pas de nom féminin qui n'ait un **e** en finale

Les mots finissant par **ur, ure**

On écrit

ur	ure		
l'azur	le bromure	l'embouchure	la nature
un clair-obscur	le mercure	l'enflure	une nervure
le fémur	un murmure	une éraflure	la nourriture
le futur	un (e) parjure	la facture	l'ossature
au fur et à mesure	un (e) pédicure	la fêlure	l'ouverture
l'imprimatur		la filature	la pâture
le mur	une allure	la fissure	la peinture
	l'architecture	la fracture	une piqûre
dur (e)	une armature	la friture	une rainure
futur (e)	l'aventure	une gerçure	une rayure
mûr (e)	une bavure	une gravure	une reliure
obscur (e)	une blessure	une hachure	la rupture
(im) pur (e)	une brochure	la hure	la sculpture
sûr (e)	une brûlure	une injure	la serrure
	une cassure	la jointure	la structure
	la ceinture	la levure	une teinture
	la clôture	une ligature	la torture
	la démesure	la manucure	l'usure
	la devanture	la mâture	la verdure
	la droiture	une miniature	une zébrure
	une échancrure	la mixture	
	une égratignure	une morsure	

Retenir

Les noms terminés par les sons [yʀ] s'écrivent **ure**.

Exceptions : les sept noms masculins de la première colonne.

1

RETROUVER les noms en **ure** qui ne sont pas dans les listes.
Ils ont perdu leurs voyelles.

une b • rd • r •	une c • pt • r •	une c • • rb • r •
la b • • t • r •	la c • ns • r •	la c • rr • r •
une d • • bl • r •	une • nc • l • r •	une f • g • r •

2

ÉCRIRE correctement l'adjectif terminé par **ur**.

des métaux d..........	des pommes m..........	une valeur s..........
une eau p..........	des pensées imp..........	la manière d..........
des endroits s..........	une rencontre fut..........	un projet m..........

3

CHOISIR **ur** ou **ure.**

En sautant par-dessus le m.......... de clôt.......... de la caserne, le jeune appelé s'est fracturé le fém........... Le clair-obsc.......... lui a dissimulé une grosse pierre sur laquelle il a chuté. Il sent bien, au f.......... et à mes.......... qu'il avance, que l'avent.......... est terminée. La Côte d'Az.......... s'éloigne…

4

RECONSTITUER l'expression (1.), le proverbe (2.), la citation (3.) dont les mots sont en désordre.

1. PIED / TROUVER / À / CHAUSSURE / SON /
2. SA / VEUT / LOIN / MÉNAGE / VOYAGER / QUI / MONTURE
3. L' / EST / DE / CHOSE / TOUTE / MESURE / HOMME / LA

TROISIÈME PARTIE

DIFFÉRENTS CAS... A RETENIR

Souvent, dans la prononciation, **y** varie. Bien fol qui s'y fie...

La lettre **e** n'a jamais d'accent devant un **x**. Enfin une règle qui ne souffre aucune exception !

Même lorsqu'on n'est pas amateur de Scrabble, il n'est pas inutile de mémoriser les mots qui comportent 1 ou 2 z.

IIIe partie
Différents cas

A retenir

Les sons [s], [k] et [ks]

Repérer dans chaque mot la lettre qui suit la lettre **c** et faire la relation avec la prononciation

Différents cas : **c, ç, cc**

On écrit

c		ç	cc
un cercle	un caniche	une façade	accélérer
une réception	un placard	un remplaçant	accepter
une recette			
	la collection	un glaçon	un accident
un citoyen	la compagnie	la maçonnerie	l'occiput
le cyclisme			
une spécialité	la culture	un aperçu	une accalmie
	l'obscurité	un reçu	un accostage
			un accumulateur

Retenir

1. Quand la lettre **c** est suivie des lettres **e, i, y,** elle se prononce [s].
   Exemples : un cercle, un citoyen, le cyclisme (pas de cédille !)
2. Quand la lettre **c** est suivie des lettres **a, o, u,** il faut une cédille pour obtenir le son [s].
   Exemples : une façade, la leçon, un reçu.
3. La lettre **c** doublée devant **e, i** se prononce [ks].
   Exemples : un accélérateur, un accident.

1

SAUTER une case à l'aller comme au retour pour découvrir une définition.

T ■ N L E O I C R C O I L D E E D N E T S E O S P T P A O ■ L

L ■ E N B I U C L C O U T B E E S L T E A P U P S A S ■ I

P E A R R I P C L C A O I T S S A E N C' T R E E R U I T E

2

CROISER le mot donné avec des mots de la même famille (voir dictionnaire).

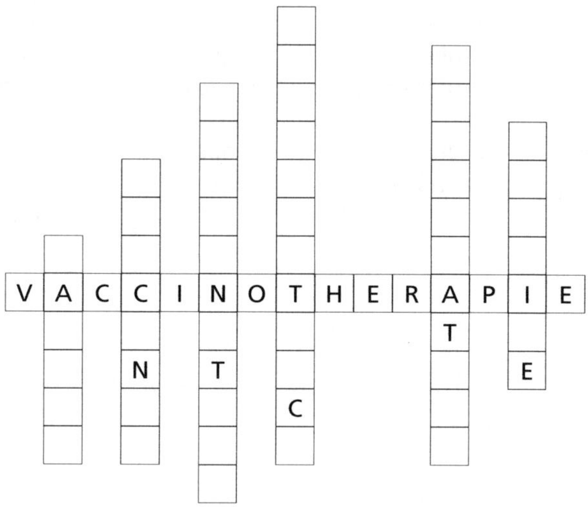

3

ÉCRIRE **c, ç** ou **cc** à la place des pointillés.

Un petit garçon bien seul

Les jours de ré....ception, la ....cuisine était en émoi bien avant l'heure du petit déjeuner. Sitôt son ....café au lait avalé sur le ....coin de la table, son bol était rin....cé, essuyé, rangé dans le pla....card et on l'expédiait sans ménagement dans la ....cour, non sans lui avoir fait la le....çon sur ....ce qu'il devait faire pour ne pas déranger la voisine et éviter les a....ccidents.

Quel enfant d'aujourd'hui a....ccepterait un pareil traitement ?

La lettre **e** intérieure muette

Noms dérivés de verbes en **er**

dénouer	→	un dénou**e**ment
se dévouer	→	un dévou**e**ment
éternuer	→	un éternu**e**ment
pépier	→	un pépi**e**ment
remercier	→	un remerci**e**ment
tuer	→	une tu**e**rie

Noms dérivés de verbes en **yer**

aboyer	→	un aboi**e**ment
bégayer	→	un bégai**e**ment
déblayer	→	un déblai**e**ment
tutoyer	→	un tutoi**e**ment

Retenir

La plupart des noms dérivés de verbes en **ier,** ou **yer, ouer, uer,** prennent un **e** muet intérieur.
Exceptions d'usage courant : un agrément (agréer), un châtiment (châtier), un supplément (suppléer).

« Un **supplément** d'enquête a permis à M. le Juge de donner son **agrément** pour que le **châtiment** du coupable soit adouci. »

Remarque

Egayer → la gaieté ou gaîté

1

ECRIRE le nom contenant un **e** muet ou le verbe correspondant.

licencier ⟶ un .... payer ⟶ le ....

.... ⟵ un congédiement .... ⟵ le zézaiement

rallier ⟶ un .... vouvoyer ⟶ le ....

.... ⟵ un maniement .... ⟵ le nettoiement

balbutier ⟶ un .... flamboyer ⟶ le ....

.... ⟵ un secouement .... ⟵ un convoiement

2

TROUVER le nom contenant un **e** muet correspondant aux verbes.

rassasier	renier	louvoyer	rudoyer
s'enrouer	rapatrier	ondoyer	tournoyer

3

CHASSER l'intrus ; justifier votre choix.

a) un braiment – un fourniment – un boniment – un crucifiement – un condiment

b) un reniement – le blanchiment – un maniement – un congédiement – le rassasiement

JEU DE MOTS Composer des phrases sur ces modèles.

Avec du dévouement on peut hâter le dénouement de situations délicates pour autrui.
Son remerciement a été brusquement interrompu par une série d'éternuements.

Les familles de mots irrégulières **1 l** ou **2 l ?**

Prononcer chaque mot et noter la présence de **1 l** ou **2 l** en accentuant les syllabes soulignées

une chandelle	→	un chandelier
une échelle	→	un échelon
une hôtellerie	→	un hôtelier
une semelle	→	un ressemelage

Retenir Dans les familles de mots irrégulières, certains mots peuvent avoir **1 l** ou **2 l.**
Exemple : une échelle → un échelon.

Remarque La dentelle → la dentellière;
la prunelle → le prunellier.

Les familles de mots irrégulières **1 t** ou **2 t ?**

Prononcer chaque mot et noter la présence de **1 t** ou **2 t** en accentuant les syllabes soulignées

une charrette	→	un charretier
une clochette	→	un clocheton
une étiquette	→	un étiquetage
une noisette	→	un noisetier

Retenir Dans les familles de mots irrégulières, certains mots peuvent avoir **1 t** ou **2 t.**
Exemple : une noisette → un noisetier.

Remarque En dépit de la prononciation [.. e..] on écrit : une bonneterie, une papeterie.

1

METTRE 1 l ou **2 l** à la place des pointillés.

une mame......e	un mame......on	un chape......ier	une chape......erie
une dente......ure	une dente......e	le cerve......et	la cerve......e
un ruisse......ement	un ruisse......et	une coute......erie	un coute......ier
une étince......e	étince......ant	une fice......e	un fice......age

2

RECONSTITUER les mots à l'aide des éléments donnés.

Familles de :

NIVELER	/EN/T/NI/LL/VE/EM/	/US/E/ VE/NI/LE/
BATEAU	/ER/TE/BA/LI/	/TE/IE/ER/BA/LL/
CHAMEAU	/R/AM/EL/CH/IE/	/EL/AM/CH/LE/
TONNEAU	/ET/TO/EL/NN/	/LE/TO/EL/NN/

3

REMPLACER de nouveau les pointillés par **1 l** ou **2 l.**

Une bonne étape

Cette hôte*ll*erie luxueusement aménagée dans un ancien moulin est, pour les voyageurs, un havre de paix raffiné. Le décor est rustique, les cuivres étince*l*ants. Des chande*l*iers posés sur des napperons de dente*ll*e font luire la vaisse*ll*e rangée dans le vaisse*l*ier et éclairent doucement le visage des dîneurs. A pas feutrés, aimable, souriant, l'hôte*l*ier circule entre les tables, attentif au service, veillant au remplacement des chande*ll*es consumées.

Chacun de ses clients est traité avec prévenance et considération comme s'il était le maître des lieux.

1

METTRE **1 t** ou **2 t** à la place des pointillés.

une cane.........e	un cane.........on	une coque.........erie	un coque.........ier
un lune.........ier	des lune.........es	un brique.........ier	une brique.........e
une fourche.........e	une fourche.........ée	une gaze.........e	un gaze.........ier
une charre.........ée	une charre.........e	étique.........er	une étique.........e

2

SAUTER une case à l'aller comme au retour pour écrire 2 phrases (6 mots – 5 mots).

a)

L	Z	E	X	J	V	O	T	U	E	R	T	N	T	A	E	L	Z	A	A	R	G	E	A	M	L	P	X	L	Y	A	Z	C	H	É

b)

L	X	E	B	G	T	A	E	Z	T	E	S	T	I	I	L	E	A	R	N	E	R	S	U	T	O	D	J	E	X	V	Z	E	T	N	U

3

REMPLACER de nouveau les pointillés par **1 t** ou **2 t.**

La papeterie

Près de l'école, la pape.........erie du quartier est le rendez-vous des enfants. Le pape.........ier, loin d'être importuné par cette clientèle bruyante, s'applique à la satisfaire. Son étique.........age est bien visible. Il réserve à l'empaque.........age des articles vendus un papier illustré de dessins humoristiques. Il a pour auxiliaire vigilant un perroquet qui, dès que la cloche.........e de l'entrée retentit, lance d'une voix enrouée : « V'là un client ! » Vous imaginez la joie des enfants.

Avec le son [k] à l'initiale, en finale, ou à l'intérieur d'un mot, nous entrons souvent dans un registre « savant »

Différents cas : **c, ch**

On écrit

c final sonore

un aqueduc
un arc
un armagnac
un bac
un bec
le bivouac
un blanc-bec
un bloc
le bouc
le bric-à-brac
le choc
clac !
du cognac
un couac
crac !
un cul-de-sac
donc
un duc
un échec
un électrochoc
un fennec
flic ! flac ! floc !
le froc
un gazoduc
un grand-duc
grec (grecque)
un gros-bec

le hamac
le lac
mastoc
un micmac
un oléoduc
un parc
un plouc
le ressac
un roc
le sac
le sérac
un soc
un suc
le talc
un tic tac
ou tictac
du toc
le trac
un truc
turc (turque)
un viaduc
en vrac
un zodiac

La finale **ic** *est donnée dans une autre liste.*

ch initial

le chaos
le chianti
le chlore
chlorhydrique
le chloroforme
la chlorophylle
un chœur
le choléra
le cholestérol
une chorale
un chorégraphe
un (e) choriste
chrétien (ienne)
un christ
le christianisme
un chrome
un chromosome
(une) chronique
la chronologie
un chronomètre
une chrysalide
un chrysanthème

ch intérieur

archaïque
l'archéologie
une ecchymose
l'écho
une échographie
machiavélique
un orchestre
une orchidée
la tachycardie
une trachéite

ch final sonore

un krach
mach (1, 2....)

Mots formés avec des éléments grecs

psych (o) (l'âme)
la psychanalyse
un psychiatre
un psychologue
une psychose
la psychothérapie

techn (o) (art)
polytechnique
un (e) technicien (enne)
un technocrate
la technologie

Expression latine	Hic et nunc (ici et maintenant) signifie dans ce lieu et sans délai.
Curiosité	Un étouffe-chrétien : aliment difficile à avaler.

1

ECRIRE soit le nom (ou l'interjection), soit le verbe dérivé.
Exemple : un bloc ⟷ bloquer

un bec ⟶ (2 orthographes) clac ! ⟶ ....

un .... ⟵ choquer un .... ⟵ sacquer (saquer)

un arc ⟶ .... un parc ⟶ ....

un .... ⟵ troquer le .... ⟵ talquer

crac ! ⟶ .... un truc ⟶ ....

2

FORMER les couples convenables avec les mots donnés.
Découvrir le faux couple.
Exemple : eau et aqueduc

eau – archiduc – gazoduc – arc – pétrole – gaz – viaduc – route – aqueduc – oléoduc

3

TROUVER dans la grille 10 mots comprenant **ch** = [k]. Ils peuvent être écrits dans tous les sens : ↔ ↕ ⤢ ⤡

C	H	R	O	M	O	S	O	M	E
H	H	Z	V	X	B	D	R	C	M
R	M	O	L	J	H	E	C	H	O
Y	N	R	R	P	R	S	H	O	R
S	T	C	H	A	O	S	E	L	H
A	V	H	W	Y	L	Z	S	E	C
L	K	I	L	P	H	E	T	R	R
I	M	D	V	X	Z	D	R	A	T
D	R	E	P	H	B	C	E	V	X
E	N	E	I	T	E	R	H	C	Z

JEU DE MOTS Composer une phrase insolite en utilisant les mots des listes.

Exemple : Soudain, une choriste machiavélique décida de troubler la prestation de l'orchestre grec en poussant un couac qu'un trombone amusé reprit en écho. Alors, ce fut le chaos !

Différents cas : **ck, ck**

> Ne pas dédaigner d'apprendre l'orthographe de ces mots sous le prétexte qu'on les rencontre plus rarement

On écrit

k initial

kabyle
(un) kaki
kanak (e)
 ou canaque
un kangourou
le kaolin
du kapok
le karaté
un kart
le karting
kasher
 ou casher
 ou cachère
le kayak
kenyan (e)
un képi
la kermesse
du kérosène
du ketchup
un kibboutz
kidnapper
un kilogramme
un kilomètre
un kilotonne
un kilowatt

un kilt
un kimono
un kinésithérapeute
le kiosque
la kippa
le kippour
le kirsch
un kit
une kitchenette
un kiwi
un klaxon
un Kleenex
un kleptomane
 ou cleptomane
knock-out (K-O)
le kola ou cola
koweïtien (enne)
un krach
le kraft
le Kremlin
kurde
un K-way
une kyrielle
un kyste

k intérieur

l'ankylose
le bakchich
la baraka
le basket-ball
le breakfast
une chapka
un judoka
un karatéka
le marketing
un moka
un ou une parka
le poker
un tanker
un tankiste
tonkinois (e)
ukrainien (enne)

k final

un anorak
un break
le canoë-kayak
le look [luk]
un patchwork
(un) punk
le souk
un steak
un tank

ck intèrieur

blackbouler
la check-list
un check-up
un cocker
le cockpit
un cocktail
le cricket
le hockey
un jockey
du nickel
le racket
un teckel
un ticket

ck final

un bifteck
black
un bock
un crack
le dock
un flash-back
le haddock
un pack
le play-back
le rock
un romsteck
 ou rumsteck
le snack
un starting-block
un stock

1

RETROUVER dans la grille tous les mots de la liste.
Ils peuvent être écrits dans tous les sens : ↔ ↕ ⤢ ⤡

KANGOUROU
KLEENEX
KLEPTOMANE
KARATÉKA
KIOSQUE
ARCHÉOLOGIE
ORCHESTRE
KILOGRAMME
KERMESSE
CHRÉTIEN
OLÉODUC
BIVOUAC
CHRONOMÈTRE
BOUQUINISTE
ARMAGNAC
CHOLESTÉROL
BOUQUIN

Z	X	B	O	U	Q	U	I	N	I	S	T	E	T	C
B	C	D	H	J	K	L	M	E	N	P	R	S	A	H
K	L	E	E	N	E	X	R	Y	X	W	E	N	V	O
A	L	H	M	R	B	T	D	Z	E	R	G	R	A	L
N	P	E	Z	X	S	L	M	U	T	A	K	K	R	E
G	B	X	P	E	H	V	Q	E	M	D	E	H	C	S
O	T	X	H	T	Z	S	M	R	W	T	K	V	H	T
U	R	C	S	B	O	O	A	D	A	C	H	X	E	E
R	R	M	N	I	N	M	P	R	Z	V	D	B	O	R
O	T	S	K	O	P	N	A	M	O	L	K	I	L	O
U	R	Z	R	T	X	K	E	N	L	V	H	V	O	L
B	C	H	D	Z	V	S	L	M	E	N	P	O	G	S
H	C	K	L	B	S	D	N	B	O	U	Q	U	I	N
T	R	Z	T	E	H	M	P	T	D	V	Z	A	E	V
S	V	X	M	K	L	N	R	S	U	X	H	C	K	R
C	H	R	E	T	I	E	N	L	C	K	H	R	S	T
M	E	N	S	X	Z	B	D	H	K	L	M	N	T	H
K	I	L	O	G	R	A	M	M	E	P	R	S	L	K

2

RELEVER dans les listes les mots se rapportant au sport, à l'habillement, à la nourriture. Les classer dans trois colonnes.

Habillement *Sport* *Nourriture*

JEU DE MOTS Composer une phrase insolite en utilisant les mots des listes.
Le Black trop naïf croyait avoir trouvé un bon truc. Il misa tout un paquet de fric sur un soi-disant crack qui, en fait, n'était qu'un tocard (ou toquard). Quel krack mes amis !

Différents cas : **qu**

On écrit

qu initial

quatre
(un) quadragénaire
une quadrette
quadriennal (e)
un quadrupède

qualifier
qualificatif (ive)
la qualité

quand
quant à
la quantité
quantitatif (ive)
quasi ou quasiment

quel (s), quelle (s)
quelconque
quelque (s)
quelquefois
quelques-un (e) s
quelqu'un (e)

quémander
une quenelle
une quenotte
une querelle

quérir
une question
un questionnaire

une quetsche
la queue
une quiche
quiconque
quiet (ète)
la quiétude
un quignon
une quille
la quincaillerie
le quincaillier
en quinconce
la quinine

(cinq)
(un) quinquagénaire
un quintet (te)
quinze

le quintal
un quiproquo
une quittance
quitte
quitter
le qui-vive
quoique
un quolibet
une quote-part
quotidien (enne)
un quotient

qu intérieur

un antiquaire
une antiquité
aquilin
une banquette
la banquise
une barquette
une béquille
un bosquet
un bouquet
un bouquin
un bouquiniste
le braquet
brusque (ment)
une casquette
un coq-à-l'âne
le coquelicot
la coqueluche
coquet (te)
une coquille
coquin (e)
l'équateur

une équation
une équerre
équestre
l'équitation

équilatéral (e)
l'équilibre
équitable
équivalent

franquette
(à la bonne)
frisquet (ette)
le hoquet
un loquet
un (e) marquis (e)
une maquette
une moquette
un paquebot
une perquisition
une raquette
une requête
un requin
le roquefort

un roquet
rouquin (e)
une socquette
un taquet
taquin (e)
le tourniquet

banqueter
becqueter
caqueter
cliqueter
empaqueter

conquérir
équiper (s')
fréquenter
inquiéter (s')

abdiquer
arnaquer
astiquer
attaquer
bloquer

▸ *Voir aussi les listes de mots commençant par* **aqu** *ou* **acqu**

Différents cas : **qu**

On écrit

qu final

une arnaque
la baraque
un (e) canaque
un cloaque
cardiaque
une casaque
démoniaque
insomniaque
une laque
(un) maniaque
une matraque
opaque
paradisiaque
patraque
la traque

un (dé) calque
le catafalque

une banque
une calanque
la pétanque
une planque
un saltimbanque

une barque
un énarque
une (dé) marque
le monarque
une remarque

basque
une bourrasque
un casque
fantasque
flasque
un masque
monégasque
une vasque

glauque
rauque

un chèque
un évêque
la pastèque
le pont-l'évêque

Voir aussi les listes sur **h** *intérieur :*
... thèque

une arabesque
burlesque
chevaleresque
une fresque
gigantesque
grotesque
pittoresque
romanesque
titanesque

un astérisque
un (vidéo) disque
la francisque
un ménisque
multirisque
un obélisque
le risque

le cirque
une bicoque
une breloque
une cloque
un colloque
une coque
l'époque
équivoque
une loque
loufoque
la toque
(le) ventriloque

une jonque
quelconque
quiconque

une orque

un kiosque

étrusque
un mollusque

La finale **ique** *est donnée dans une autre liste.*

Attention !

Substantifs dérivés de verbes en **quer**
Avec le suffixe **age :**
marquer → marquage,
bloquer → blocage (plus rare).

Avec le suffixe **ation,** l'élément **qu** disparaît toujours :
éduquer → éducation,
révoquer → révocation.

Curiosité

Cinq et coq sont les rares mots français terminés par **q.**

1

RECOMPOSER les 10 verbes en **quer** dont les syllabes ont été mélangées.

3 syllabes :

TRA – DI – QUER – PLI – TI – EX – TRA – SYN – QUER – DÉ – FI – QUER – MAS – QUER – QUER

4 syllabes :

QUER – DÉ – VEN – TI – DI – DO – COR – QUER – RE – EN – NOS – CHO – QUER – PRO – TI – QUER – TRE – MES – TI – QUER

2

TROUVER des mots de la famille de **quatre** (ou **quart**) autres que ceux des listes (voir dictionnaire).

3

CHASSER l'intrus, sachant que **equi** (du latin *aequus*) veut dire **égal**.

équidistant	équilatéral	équilibriste	équipement
équivalent	équitable	équinoxe	

4

ECRIRE soit le verbe, soit le nom dérivé.
Exemple : éduquer ⟷ éducation

appliquer ⟶ une	suffoquer ⟶ une ....
.... ⟵ la mastication	.... ⟵ une évocation
abdiquer ⟶ une	domestiquer ⟶ la ....
.... ⟵ une indication	.... ⟵ une revendication
expliquer ⟶	fabriquer ⟶ la ....

JEU DE MOTS Composer des phrases insolites en utilisant les mots des listes.

Exemple : Sous l'empire du trac des grands jours, le jockey insomniaque enfila sa casaque et oubliant qu'il était patraque se dirigea vers les boxes sous une lune opaque.

Pour la plupart des mots de cette page, il faudra fournir un gros effort de mémoire, mais il sera gratifiant

Différents cas : **ph** initial, intérieur, ou presque final

On écrit

ph initial

une phalange
un pharaon
un phare
la pharmacie
le pharynx
une phase
un phénix
un phénomène
la philatélie
la philharmonie
la philosophie
une phlébite
une phobie

le phoque
un phosphate
du phosphore
une photo-finish
une photographie
le photomaton
une phrase
une physionomie
la physique
phénicien (enne)
phénoménal (e)
phocéen (enne)
phréatique

phrygien (enne)
physique

▸ *et tous les mots plus ou moins savants formés avec des préfixes ou éléments d'origine grecque ou latine*

phon (o) (voix)
un phoniatre
la phonétique

phot (o) (lumière)
une photocopie
photogénique

pharmac (o) (médicament)
pharmaceutique
la pharmacopée

phob (o) (peur)
une phobie

physi (o) (nature)
physiologique

ph intérieur ou presque final

un alphabet
un amphithéâtre
une amphore
un aphte
une apostrophe
l'atmosphère
une catastrophe
une daphnie
un (e) dauphin (e)
la diphtérie
un éléphant
l'encéphale
l'euphorie
la lymphe
une métamorphose

une nymphe
un ophtalmologiste
un (e) orphelin (e)
l'orthographe
un paraphe
un prophète
du raphia
un saphir
un scaphandre
un sémaphore
un siphon
une strophe
le triomphe
un trophée
la typhoïde

un typhon
le typhus
amorphe
amphibie
aphone
diaphane
éphémère

▸ *et tous les mots plus ou moins savants formés avec des préfixes ou éléments d'origine grecque ou latine*

graph (o) (écrire)
un autographe
une biographie
une cardiographie
un chorégraphe
la démographie
une échographie
la géographie
la graphologie
un paragraphe

phag (o) (manger)
l'aérophagie
un anthropophage
l'œsophage

phil (o) (ami)
un anglophile
un cinéphile
un discophile

phon (o) (voix)
un interphone
un magnétophone
un (e) orthophoniste
la stéréophonie

sphér (o) (sphère)
l'atmosphère
un hémisphère
un planisphère

1

RECONSTITUER les mots à l'aide des éléments donnés.

Exemple : TA | CA | ST | PH | RO | E → CATASTROPHE

MI | NO | YS | PH | IO | E   AL | OM | PH | ÉN | ÉN   MO | PH | E | AT | S | ER

TA | R | O | MÉ | MO | PH | SE   E | PH | OR | MA | SÉ   PH | RA | OG | IE | É | CH

TH | PH | IS | ON | TE | O | OR   AN | ÈR | PL | IS | PH | E   OG | GR | PH | IE | OL | A

2

RECHERCHER dans les listes de mots ceux qui peuvent être croisés avec les mots ÉLÉPHANT et PHYSIONOMIE.

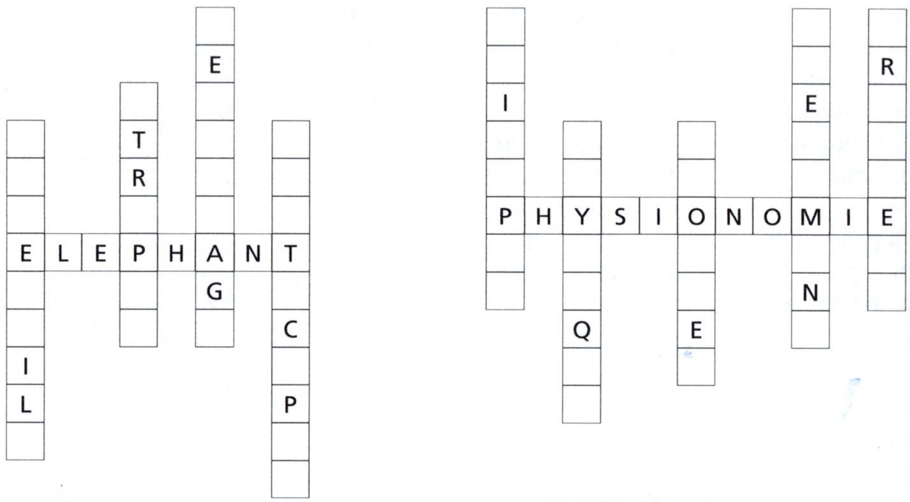

3

RETROUVER et écrire quelques mots contenant les éléments **phon(o), phot(o), physi(o), sphér(o).**

JEU DE MOTS Composer un petit texte en utilisant les mots des listes.

L'éléphant

Exemple : Un éléphant d'Asie rencontre un éléphant d'Afrique et l'apostrophe : « Bonjour cousin ! Comme je vous trouve grand ! Que vous avez de grandes oreilles ! On dit que dans les deux hémisphères pas un animal ne vous dépasse. Vous êtes vraiment le phénomène que ma mère m'avait décrit. »

Les sons [g] et [ʒ]

Différents cas : **g, gu, ge**

Repérer les lettres qui suivent la lettre **g** lorsqu'on entend le **g** de galette ; lorsqu'on entend le **g** de nage

On écrit

Pour entendre le même son que dans **ga**lette		Pour entendre le même son que dans na**ge**	
g	**gu**	**g**	**ge**
une galette un gant	une bague la guérison	la nage une plongée	une orangeade une vengeance
une rigole un wagon	une guitare un déguisement	un magicien un gymnaste	la rougeole le plongeon
une virgule une dégustation	une guinguette une guimbarde	le gingembre (se) regimber	une gageure se prononce [gaʒyʀ] un déménageur

Retenir

Pour entendre le **g** de galette devant **e, i, y,** on écrit **gu.**
Exceptions : le jogging, groggy (mots, anglais).
Pour entendre le **g** de nage devant **a, o, u,** on écrit **ge.**

1

COMPLETER par **g** ou **gu.**

une bour.........ade – un bri.........and – une di.........e – une ba.........ette – un four.........on – une bou.........ainvillée – un.........ide – na.........ère – un ra.........oût – un Bour.........ignon

2

COMPLETER par **g** ou **ge.**

une an.........ine – la rou.........ole – l'obli.........ance – un fu.........itif – la.........ymnastique – le ca.........ibi – un bour.........on – l'intransi.........ance – une sauva.........onne – une ....in.........ivite

3

CHASSER l'intrus dans chaque série de mots où la lettre **g** est finale.

a) un gang	le big bang	le gong	un hareng
le goulag	un iceberg		
b) un smoking	le zapping	un dancing	une santiag
un parpaing	un pressing		

4

UTILISER les mots « naturalisés » français.

La boxe

Au milieu du **ring,** chacun des deux adversaires, bien que **groggy,** fait le **forcing** en plaçant des **swings** maladroits pour emporter la décision avant le coup de **gong.**

Faire une phrase avec :

a) pudding – smoking – footing – dancing – building ;

b) 5 mots terminés par **g** sonore.

On écrit

h
intérieur

adhérer
appréhender
cahoter
cohabiter
déhancher (se)
déshabiller (se)
déshabituer (se)
désherber
déshériter
déshonorer (se)
déshydrater (se)
ébahir (s')
enthousiasmer (s')
envahir
exhaler
exhausser
exhiber
rehausser
rhabiller
souhaiter
trahir

un (e) adhérent (e)
un athlète
aujourd'hui
un bahut
le bonheur
un bonhomme
le brouhaha
un cahier
un cahot
une cahute
une cathédrale
le chahut
un déhanchement
dehors
l'enthousiasme
l'éther
un gentilhomme
le malheur
un menhir
la méthode
une panthère
une parenthèse

la préhistoire
une rhapsodie
un rhésus
un rhinocéros
une rhino-pharyngite
un rhododendron
le Rhovyl
la rhubarbe
le rhum
un rhume
le rythme
une silhouette
le souhait
un surhomme
la sympathie
le thé
la théière
un thème
un théorème
la théorie
une thèse
le thon

un thonier
le thorax
un thuya
du thym
la thyroïde
une vahiné
la véhémence
un véhicule

adhésif (ive)
cathodique
catholique
(in) compréhensible
(in) compréhensif (ive)
enthousiaste
gothique
malheureux
malhonnête
répréhensible
rhodanien (ienne)
sympathique
véhément

▸ *et tous les mots plus ou moins savants formés avec des préfixes ou éléments d'origine grecque ou latine*

Curiosités

Cahin-caha (tant bien que mal) ;
un tohu-bohu (désordre, confusion) ;
une cahute, une hutte.

On écrit

h
initial

habiller
habiter
habituer
hacher
haïr
haler
hâler
haleter
hanter
harasser
harceler
hasarder
hâter
hausser
héberger
hérisser
hériter
hésiter
heurter
hocher
honorer
huer
huiler
humaniser
humer
humecter
humidifier
humilier
hydrater

un habit
un (e) habitant (e)
une habitude
une hache
une hachure
une haie
un haillon
une haleine
un hall
une halle
un halo
une halte
un hamac
le hameau
un hameçon
une hanche
un handicap
le hangar
le hanneton
le haras
un hareng
la hargne
un haricot
un harki
une harmonie
le harnais
haro !
une harpe
un harpon
la hâte
un hauban
un havane
le hayon
le hasard
la hâte

la hauteur
le haut-parleur
l'hébreu
un hectare
un hectolitre
un hectomètre
hélas !
une hélice
un hélicoptère
l'herbe
un hercule
l'hérédité
un (e) héritier (ère)
l'hermine
une hernie
un héron
un héros
l'herpès
une herse
le hêtre
heu !
une heure
un heurt
un hévéa
l'hexagone
un hibou
hier
la hiérarchie
l'hirondelle
l'histoire
l'hitlérisme
l'hiver
un hobby
un hochet
le hockey

un hold-up
un hommage
un homme
la honte
l'hôpital
le hoquet
la horde
l'horizon
l'horloge
l'horreur
hors (de)
un hors-bord
un hors-d'œuvre
un hortensia
un horticulteur
un hospice
une hostie
un hôte
un hôtel
une hotte
le houblon
la houille
la houle
une houppe (ette)
hourra !
une housse
le houx
un hublot
la huche
hue !
un (e) huguenot (e)
l'huile
un huis-clos
un huissier
une huitaine

une huître
l'humanité
l'humeur
l'humour
l'humus
un (e) hurluberlu (e)
un hussard
une hutte
une hyène
un (e) hymne

hagard
haïssable
halogène
hardi (e)
haut (e)
hawaïen (enne)
hebdomadaire
hébété (e)
hideux (euse)
hilare
hindou (e)
hirsute
horrible
horticole
hospitalier (ère)
hostile
humain
humanitaire
humble
humide
hypocrite

L'étymologie au service de l'orthographe

h initial

hélio (soleil)
un séjour héliomarin

hémat (o) (sang)
un hématome
un hémophile

hémi (moitié)
un hémisphère
l'hémicycle

hipp (o) (cheval)
un concours hippique
un hippodrome

hor (o) (heure)
un horodateur
un horoscope

hydr (o) (eau)
un hydravion

hyper (au-delà de ; excès)
un hypermarché
l'hypertension

h intérieur

anthrop (o) (homme)
un anthropophage

arithm (o) (nombre)
l'arithmétique

asthénie (faiblesse)
un neurasthénique

orth (o) (droit)
l'orthographe
l'orthopédie

path (o) (souffrance)
un myopathe
la sympathie

rrhée (couler)
une diarrhée
un rhume

thalass (o) (mer)
la thalassothérapie

théo, thée (dieu)
un athée

thèque (armoire)
la cinémathèque

thérapeut (soigner)
la chimiothérapie

therm (o) (chaleur)
une source thermale
un thermostat

1

ÉCRIRE 2 ou 3 mots de la même famille que le mot donné.
Exemple : hiver – hivernal – hivernage – hibernation

une heure	un heurt	humide	hériter
le bonheur	un athlète	la théorie	exhiber

2

TROUVER 5 mots de la famille de **homme** contenant la racine **humain :** ils n'ont que **1 m.** Penser aux préfixes **in ; dés.**

3

SAUTER une case à l'aller comme au retour, pour découvrir une locution latine (3 mots) et sa signification (7 mots).

H		O		M	S	O	U	H	P	O	U	M	L	I		N		I

L	'	H		O	E	M	M	M	M	E	O	E	H	S	L'	T	R	U	U	N	O	L	P	O		U		P

4

REPÉRER dans la grille les 10 mots ci-dessous. Ils peuvent être écrits dans tous les sens : ↔ ↕ ⤢ ⤡

SILHOUETTE
ÉTHER
THORAX
BAHUT
CHAHUT
SOUHAIT
DEHORS
RYTHME
SYMPATHIE
RHUME

E	E	B	D	M	C	K	R	L	R
X	T	U	H	A	B	Y	V	S	H
V	H	T	R	S	T	V	T	R	U
T	E	Q	E	H	T	I	H	Z	M
Z	R	P	M	U	A	V	W	X	E
R	V	E	T	H	O	R	A	X	Z
S	W	N	U	T	U	H	A	H	C
Q	B	O	H	G	J	L	L	K	M
P	S	Y	M	P	A	T	H	I	E
M	N	C	D	D	E	H	O	R	S

JEU DE MOTS Composer une phrase insolite en utilisant les mots des listes.

L'antropophage

Exemple : Un anthropophage hilare et sympathique, sorti tout droit de la préhistoire, demanda poliment à un gentilhomme de passage à quelle heure il souhaitait être mangé.

Un dérivé peut renseigner sur la finale du mot

Différents cas : **p** final ou intérieur

p en finale

[ ]

beaucoup
un camp
un cantaloup
le champ
un chien-loup
un contrecoup
le coup
du drap
le galop
un loup
un salop
ou salaud
du sirop
du sparadrap
trop

[p]

l'auto-stop
le ball-trap
un bip ou bip-bip
le cap
un cep
un clip
un drop
un flop
un handicap
*un hold-up
hop !
*du ketchup
le lump
non-stop
*une pin-up
pop
le pop-corn
le top
une vamp
le rap
stop !
un stop

**up* = [œp]

p en presque finale

[p]

abrupt (e)

le biceps
le triceps

un rapt

p intérieur (suivi de t)

[ ]	[p]
baptiser le baptême un baptistère	aseptiser l'asepsie
	capter un capteur
compter un acompte un décompte un (e) comptable un compteur une comptine un comptoir la comptabilité comptant	captiver captivant la captivité une capture capturer le cheptel
dompter un dompteur une dompteuse indomptable	
exempter	une exemption
prompt (ement) la promptitude	une rupture septante septembre un septennat septentrional
sculpter un sculpteur une sculpture	
sept (ième)	

1

ECRIRE pour chaque mot donné, un homophone (nom, verbe ou mot invariable).

compter – un cou – le loup – trop – un champ – un camp – un cep – une cape – un conte – un set

2

FAIRE les bonnes liaisons.

abrupt •	• enlèvement criminel
biceps •	• désavantage, une infirmité
rapt •	• muscle
handicap •	• champignon
cèpe •	• difficile à escalader

3

AJOUTER la lettre **p** (muette) quand c'est nécessaire.

un ba • telier – un ba • tême – le com • toir – un con • teur – une dom • teuse – le don • jon – un cul • tivateur – une scul • ture – un acom • te – un affron • tement – la mon • ture – la prom • titude – le se • tième art – le cen • tième coureur

4

TROUVER les 5 mots cachés dans chaque grille. Ils peuvent être écrits dans tous les sens : ↔ ↕ ⤢ ⤡

A	S	H	B	F	G	Y	T	X	W
E	E	D	A	J	I	H	S	U	E
L	P	K	C	N	P	R	T	Z	R
A	T	M	N	O	D	Q	R	V	B
E	E	B	A	C	B	I	I	F	M
D	N	Z	C	Y	D	X	C	G	E
S	N	T	U	V	W	E	E	A	T
C	A	P	T	E	U	R	P	H	P
R	T	P	O	M	K	J	S	I	E
Q	F	G	N	H	L	I	K	J	S

S	A	V	U	G	H	I	C	J	K
C	W	B	T	E	P	O	O	N	P
U	F	X	C	T	M	Q	M	A	L
L	E	D	E	P	S	R	R	L	M
P	Z	Y	T	M	G	D	H	K	N
T	A	O	D	O	A	F	I	J	O
U	I	B	C	R	J	G	H	I	P
R	E	B	A	P	T	I	S	E	R
E	D	P	A	K	Z	Y	W	X	Q
C	S	B	F	T	U	S	V	R	L

Les sons [S] et [Z]

Repérer les lettres qui précèdent ou qui suivent **s, ss, sc** dans les mots

Différents cas : **S, SS, SC**

S s'entend

[s]

la course
la pensée
un observateur
un spectateur

un iris
un tournevis

un autobus
un prospectus

[z]

la blouse
une case
la chemise
l'usine

[ ]

un bas
le dos
le matelas
un tas

SS s'entend

[s]

une fosse
elle glisse
une passe
du tissu

Devant **e, i, y, SC** s'entend

[s]

un ascenseur
une ascension
ascensionner
un ascensionniste

un descendeur
une descendeuse
descendre
une descente
un (e) descendant (e)

un disciple
la discipline
(in) discipliné (e)
discipliner

un faisceau
un fascicule
le fascisme
un fasciste

fascinant (e)
la fascination
fasciner

irascible
l'irascibilité

piscicole
un pisciculteur
pisciforme
une piscine
piscivore

un sceau
sceller
un scellement
desceller
un descellement

un scélérat
la scélératesse

un scénario
un scénariste
une scène

le scepticisme
sceptique

un sceptre

sciable
le sciage
une scie
scier
une scierie
un scieur
une scieuse
la sciure

(la) sciatique

sciemment
la science
scientifique (ment)

(in) consciemment
la conscience
consciencieux (euse)
(in) conscient (e)

scinder

scintillant
scintiller
un scintillement

susciter
ressusciter

adolescent (e)
l'adolescence
convalescent (e)
la convalescence
dégénérescent (e)
la dégénérescence
effervescent (e)
une effervescence
fluorescent (e)
la fluorescence
incandescent (e)
l'incandescence
phosphorescent (e)
la phosphorescence
recrudescent (e)
la recrudescence

Remarque Crescendo se prononce à l'italienne [kReʃɛndo]

Exercices sur les sons [s] et [z]

1

CLASSER les mots dans les colonnes correspondantes :

a) *on entend* [s] b) *on entend* [z]

la bourse – la crise – la danse – la base – la dépense – une cousine – la musique – un pansement – une pension – la misère – la ruse – le soir – le conservatoire – la rosée – une fusée – un versement.

Quand la lettre **s** est entre 2 voyelles on entend [...].

2

CLASSER les mots dans les colonnes correspondantes :

a) *on entend* [s] b) *on entend* [z]

la chaise – la caisse – la raison – la moisson – une tresse – la mesure – la cassure – une friteuse – un baiser – baisser – un casier – la tendresse – une valise – une écrevisse – une bosse – la pose.

Pour entendre [s] entre 2 voyelles il faut écrire...

3

RETROUVER ces maximes qui ont perdu leurs voyelles.

a) LA D • SC • PL • N • • ST L • F • RC • PR • NC • P • L • D • S • RM • • S.

b) SC • • NC • S • NS C • NSC • • NC • N' • ST Q • • R • • N • D • L' • M • .

4

TROUVER et écrire les 5 mots comprenant **sc** ou **ss** cachés dans chaque grille. Ils peuvent être écrits dans tous les sens : ↔ ↕ ⤢ ⤡

A	Q	E	D	A	B	C	W	F	O
K	B	J	C	D	V	U	D	X	H
O	I	S	C	O	R	E	Q	P	Y
G	H	F	C	L	T	S	R	G	E
P	S	C	I	E	N	C	E	M	L
N	M	L	Q	S	N	P	A	K	Z
U	T	S	R	C	F	A	O	N	I
V	W	A	X	E	E	L	R	N	J
I	G	B	E	N	I	C	S	I	P
M	C	Z	Y	T	D	H	J	K	O

A	M	K	E	J	D	C	H	G	F
K	L	F	I	G	S	A	T	U	I
J	L	R	E	P	A	S	S	E	R
H	I	I	B	R	S	S	H	E	V
G	M	M	N	Q	S	I	S	Q	R
B	N	O	C	M	I	E	W	E	P
O	L	U	N	P	S	T	X	W	M
F	D	S	Y	D	E	T	O	V	X
E	K	S	E	J	F	E	T	U	S
C	A	E	Z	B	G	A	Z	O	Y

Différents cas : **ë, ï, ü**

Les adjectifs terminés par **gu** au masculin prennent un tréma au féminin. Mais attention : sur le **e**, pas sur le **u** ! *Exemples :* exiguë, ambiguë, etc.

On écrit

ë	ï			ü
aiguë	l'ambiguïté	le maïs	coïncider	un capharnaüm
ambiguë	un astéroïde	une mosaïque	une coïncidence	crapaüter
contiguë	bizarroïde	naïf, naïve	aïe !	ou crapahuter
exiguë	un caïd	l'oïdium		
(féminins de aigu,	un caïman	ouïr	un aïeul	
ambigu....)	caraïbe	un ouï-dire	des aïeux	
	le celluloïd	l'ouïe	une baïonnette	
la ciguë	la contiguïté	les ouïes	un (e) bisaïeul (e)	
	un (e) égoïste	ovoïde	un camaïeu	
	l'exiguïté	un spermatozoïde	la faïence	
	la faïence	stoïque	un glaïeul	
	haïr	le stoïcisme	un laïus	
	hébraïque	une thébaïde	laïusser	
	hélicoïdal (e)	la typhoïde	la maïeutique	
	héroïque	la thyroïde	une naïade	▸ et d'autres mots
	inouï (e)	trapézoïdal (e)	un (e) païen (ne)	plus savants
	laïc (laïque)			

Retenir

Le tréma (signe formé de deux points) se place sur les voyelles **e, i, u** pour indiquer que celles-ci se détachent de la précédente qui doit être prononcée à part.

Exemples : **gue** se prononce comme dans bague ; **guë** se prononce comme dans aigu ; **ai** se prononce comme dans plaine ; **aï** se prononce comme dans trahi.

1

METTRE le point ou le tréma sur le **i** (se fier à la prononciation).

(Famille de **haïr**) haissable – haineux – la haine – hai (e) – je hais (présent) – nous haissions – tu hais (passé simple) – il est hai – ils hairont – qu'ils haissent

2

COMPLETER par **u** ou **uë**.

Le visiteur ambigu pénétra dans la pièce exiguë, contiguë à la salle de séjour et posa un regard aigu sur la mosaïque murale.

3

AJOUTER le point, le tréma ou l'accent qui manquent et former les couples de mots convenables.

Exemple : hébreu – hébraïque

le paganisme – un œuf – un heros – paien – heroique – une helice – hebraique – ovoide – helicoidal – un hebreu

JEU DE MOTS Composer une phrase en utilisant les mots des listes.

Exemple : L'aïeul racontait à ses arrière-petits-enfants qu'il avait contracté la typhoïde alors qu'il crapaütait dans les Caraïbes à la recherche de caïmans dont il connaissait les refuges par ouï-dire.

L'aïeul

Les sons [ks], [gz], [z], [s]

> La lettre **e** n'a jamais d'accent devant un **x.** Enfin une règle qui ne souffre aucune exception !

Différents cas : **X** intérieur ou final

x s'entend

[ks]

une annexe
un axe
un box
la dextérité
un duplex
une excursion
une excuse
une expédition
l'expérience
exprès
une expression
exquis (e)
l'extérieur
un extincteur
extraordinaire
un ex-voto
un (télé) fax
une galaxie
inoxydable
un index
le maximum
mixte
un préfixe
une réflexion
le sexe
le silex
un solex
un taxi
un télex
un texte
le textile
le thorax

excellent
excentrique
une exception
un excès
excessif
exciter
l'excitation

s'exclamer
expédier
expirer
expliquer
exploiter
explorer
exploser
exporter
exposer
exprimer
exproprier
expulser
exténuer
exterminer
extirper
extraire

boxer
fixer
intoxiquer
jouxter
juxtaposer
klaxonner
malaxer
mixer
relaxer
taxer
vexer

[gz]

exact
l'exactitude
ex aequo
un examen
un exemple
un exemplaire
un exercice
exigu (exiguë)
un (e) exilé (e)
l'existence
un exocet
l'exode
exorbitant
exotique
exubérant(e)
un hexagone

exagérer
examiner
exaspérer
exaucer
exécuter
exempter
exercer
exhaler
exhausser
exhiber
exhorter
exhumer
exiger
exiler
exister
exulter

[z]

deuxième
dixième
sixième

deux œufs
dix éléphants
six heures

[s]

le coccyx

dix
six

soixante-dix
soixante-six

[ ]

le choix
la croix

un époux
la toux

la perdrix
un prix

heureux
gracieux

1

SAUTER une case à l'aller comme au retour pour découvrir et écrire une expression en 3 mots.

E	E	X	T	A	X	M	E	I	T	N	N	E	U	R

E	X	X	E	P	L	E	E	D	T	I	N	E	U	R

E	A	X	S	I	E	G	S	E	U	R	C	D	X	E	E	S

2

ECRIRE ces 5 mots qui ont perdu leurs voyelles.

l' • x • ct • t • d • –d • • x • • m • –un t • xt • l • – • x • t • q • • –le th • r • x

3

RETROUVER et écrire les mots dont les syllabes ont été mélangées : 4 noms de 2 syllabes ; 4 adjectifs de 3 syllabes commençant par **ex.**

IN	PLEX
SO	LA
RYNX	LEX
DU	DEX

EX	RIEUR	SIF
CEL	CES	PLO
TÉ	LENT	EX
EX	SIF	EX

COMPOSER deux phrases en utilisant les homophones :

exaucer – exhausser

JEU DE MOTS Construire 2 ou 3 phrases sur ce modèle.

Le chauffeur du taxi était tellement excité, exaspéré, qu'il klaxonnait comme un sourd pensant ainsi exterminer tous les piétons moqueurs.

Les sons [i], [j], [ɛ], [ɛ̃]...

Différents cas : **y**

Repérer les lettres qui encadrent la lettre **y,** à l'intérieur des mots. La lettre **y** se prononce-t-elle toujours de la même façon ?

On écrit

y

anonyme	une kyrielle	une pyramide	un boy [boj]	un noyer
azyme	un kyste	pyrénéen (enne)	un boyau	royal (e)
une bicyclette	un labyrinthe	le Pyrex	boycotter	le royaume
un cyclamen	le lycée	un (e) pyromane	la bruyère	seyant (e)
un cycliste	une lyre	un python	un citoyen	une tuyère
le cyclomoteur	lyrique	un rallye	un crayon	une voyelle
le cyclotourisme	le lys ou lis	le rythme	un (e) écuyer (ère)	le voyou
un cyclone	un (e) martyr (e)	le style	un (e) employé (e)	un yacht [jot]
un cygne	le martyre	un stylo	le foyer	un yack ou yak
un cylindre	la myopathie	une syllabe	une frayère	un yaourt
cynique	une myrtille	la symétrie	la frayeur	un yard
le cyprès	un mystère	la synagogue	le gruyère	le yen
dynamique	du Nylon	un synonyme	guyannais (e)	des yeux
la dynamite	l'oxygène	le système	un hayon	le yiddish ou yiddich
une dynamo	un papyrus	la thyroïde	une layette	le yoga
une dynastie	la paralysie	un type	loyal (e)	une yole
une encyclopédie	un pays	un typhon	la loyauté	yougoslave
la gymnastique	un polygone	le typhus	un loyer	un youyou
le gynécologue	un psychiatre	un typographe	un (e) métayer (ère)	un yucca
un homonyme	un psychologue	un tyran	le moyen	crayeux (euse)
une hyène	un puy	une tyrolienne	le moyeu	ennuyeux
l'hygiène	un pygmée	du vinyle	un nettoyant	giboyeux
un hymne	le pyjama	un xylophone	un noyau	joyeux
un hypnotiseur	un pylône			soyeux

Remarque

De nombreux mots sont construits avec des préfixes ou éléments grecs :

- *dys* (difficulté ; mauvais état) : dysenterie, dyslexie, dysfonctionnement...
- *hyper* (au-delà de ; excès) : hypermarché, hypersensible, hypertension...
- *hypo* (au-dessous de ; insuffisance) : hypocrite, hypotension, hypothèse...
- *hydr (o)* (eau) : hydravion, (dés) hydrater, hydrocution, hydrophile...

Différents cas : **ym, yn, ay, ey, oy, uy**

On écrit

ym	yn	ay	ey
une cymbale	lyncher	le fair-play	un colley
lymphatique	un lynx	le fairway	le hockey
la lymphe	une syncope	un K-way [kawe]	un jockey
olympique	un syndic (at)	une saynète	un disc-jockey
un symbole	syndiquer (se)	le tramway	un poney
la sympathie	la syntaxe		un trolley (bus)
une symphonie	une synthèse		le volley-ball
un symptôme	un synthétiseur		
du thym			
le tympan			

Verbes en

yer

balayer
bégayer
débrayer
délayer
effrayer (s')
égayer (s')
embrayer
essayer (s')
monnayer

payer (se)
(en) rayer
relayer (se)
remblayer
aboyer
apitoyer (s')
broyer
chatoyer
choyer

convoyer
côtoyer
coudoyer
(re) déployer (se)
employer (s')
(r) envoyer
festoyer
flamboyer
foudroyer

guerroyer
larmoyer
nettoyer (se)
noyer (se)
octroyer (s')
ondoyer
ployer
rougeoyer
rudoyer

tournoyer
tutoyer
vouvoyer

appuyer (s')
ennuyer (s')
essuyer (s')

grasseyer
volleyer

1

COMPLETER par **y** ou **i**.

une s • nagogue   le plast • que   un c • lindre   une p • nède
un s • phon   un st • lo   une c • rculaire   un p • lône
un l • cée   du N • lon   le p • gmée   la d • plomatie
un m • stère   le n • ckel   le t • lleul   la d • namite

2

AJOUTER **y** ou **ill**.

un cra.........on   une la.........ette   une cu.........ère   un ca.........ot
un ma.........on   une pa.........ette   une écu.........ère   un bo.........au

3

ECRIRE soit le verbe, soit le nom dérivé (**i** ⟷ **y**).
Exemple : larmoyer ⟶ larmoiement.

nettoyer ⟶ un ....   bégayer ⟶ le ....
.... ⟵ un flamboiement   .... ⟵ le rougeoiement
côtoyer ⟶ un ....   s'apitoyer ⟶ l' ....
.... ⟵ un chatoiement   .... ⟵ le déploiement
ondoyer ⟶ un ....   rudoyer ⟶ le ....

4

CHASSER l'intrus.

a) cyclisme   rallye   cyclotourisme   encyclopédie
gymnastique   yoga

b) myopathie   labyrinthe   dysenterie   kyste
thyroïde   paralysie

JEU DE MOTS Composer une phrase insolite en utilisant les mots des listes.
Le <u>pygmée</u> <u>dynamique</u> escalade le <u>pylône</u> au grand dam des conducteurs du <u>rallye</u> qui voulaient l'interroger sur le <u>pays</u>.

Le pygmée

Même lorsqu'on n'est pas amateur de Scrabble, il n'est pas inutile de mémoriser les mots qui comportent **1** ou **2 z...**

Différents cas : **z** initial ou intérieur

On écrit

z

une amazone
l'azur
azyme
le bazar
bazarder
bizarre
un bonze
une bonzesse
le bronze
le bronzage
un chimpanzé
le colza
une dizaine
une donzelle
douze
une douzaine
l'eczéma
une enzyme

le gaz (et les mots de la famille)

la gaze
la gazelle
une gazette
le gazon
gazouiller

l'horizon
horizontal (e) (ment)
un lazaret
un lézard
une lézarde

un mazagran
une mazarinade
mazette !
le mazout
une mazurka
un M (o) zabite
un nazi
le nazisme

onze
quatorze
quinze

la rizière
seize
le trapèze
treize

un zèbre
le zèle

le zénith
le zéphyr
zéro
un zeste
zézayer ou zozoter
une zibeline
le zigzag
le zinc
un zinnia
zipper
la zizanie
un Zodiac
le zodiaque
un zombi (e)
le zona
la zone
un zoo
un zoologiste
un zoom
un zouave
ZUP *(zone à urbaniser par priorité)*
zut !

assez
chez
le nez
un cache-nez
un pince-nez
un raz-de-marée
un rez-de-chaussée
du riz

vous parlez
vous riez
vous dansez...

un ersatz
un kibboutz
le quartz

zz

le blizzard
le jazz

un lazzi

une mezzanine
mezza-voce
mezzo-soprano
une pizza
une pizzéria
un pizzicato
la pouzzolane

un puzzle

une razzia

Expressions Dans tous les azimuts (dans toutes les directions) ; être entre le zist et le zest (être hésitant) ; être fait comme un z (être contrefait, difforme) ; les quat'zarts, le bal des quat'zarts (architecture, gravure, peinture, sculpture)...

Attention ! La lettre **z** devient sonore dans : assez important, chez un ami....

1

ECRIRE s ou z à la place des points.

un para • ite – du ma • out – des ci • eaux – une infu • ion – le na • isme – le bron • age – le ra • age – il na • ille – hori • ontal(e) – une ga • elle – une cloi • on – du ga • on

2

FAIRE les liaisons convenables.

la gazoline •	• passage à l'état gazeux
une gazinière •	• canalisation pour le transport du gaz
la gazéification •	• essence légère, très volatile
un gazoduc •	• cuisinière à gaz
un gazogène •	• appareil qui transforme le bois ou le charbon en gaz

3

RETROUVER et écrire les syllabes qui ont disparu.

De…… une di…… de mi…… le ……o est en é…….

Le ……pan……, un drôle de……ave, s'est ……fui et on le ……cherche dans …… les a……muts.

4

PLACER les mots suivants dans la grille.

PIZZA
PIZZICATO
LAZZI
BLIZZARD
COLZA
ZONA
ZÉPHIR
ERSATZ
QUARTZ
MAZOUT

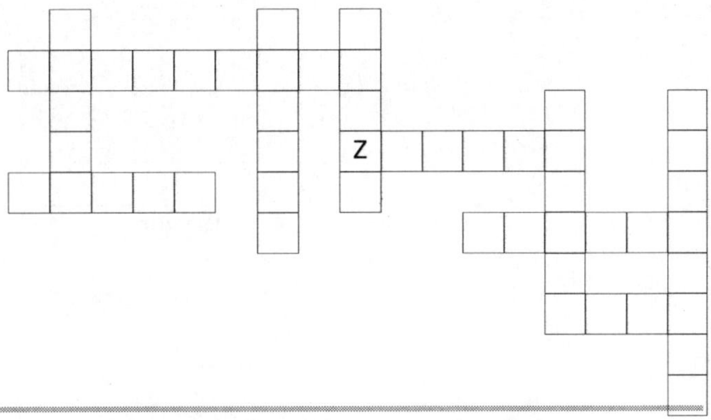

JEU DE MOTS Composer une phrase insolite en utilisant les mots des listes.

Le Zoo

Exemple : Le zèbre et la gazelle, fuyant la zizanie qui régnait au zoo, s'en sont allés déguster une pizza au Dernier Zigzag, le bar voisin.

Lire et observer la lettre qui suit les éléments en gras, la règle s'imposera d'elle-même

A retenir : **m** devant **m, b, p**

On écrit

embarquer	prud**em**ment	une b**an**de	**im**buvable
emmener	un s**en**tier	une j**am**be	**im**mangeable
empêcher	la t**em**pête	une r**am**pe	**im**pensable
entamer	un tr**em**blement	sav**am**ment	**in**touchable
l'ab**on**dance	la j**un**gle	le phar**yn**x	
une b**om**be	h**um**ble	des c**ym**bales	
un p**om**pier	le j**um**ping	la s**ym**pathie	

Retenir

Devant les lettres **m, b, p,** les voyelles **en, an, on, in, yn** deviennent **em, am, om, im, ym.**

Exceptions d'usage courant : bonbon, bonbonne (ou bombonne), bonbonnière, embonpoint, néanmoins, nonpareil (eille), un comte, une comtesse.

Prononciation : **m** est muet dans automne, damner et les mots de leur famille ; **m** est sonore dans indemne, indemnité et les mots de leur famille.

1

AJOUTER les consonnes qui ont disparu.

Un e • bou • ei • • a • e – la • o • té – une • ro • pe • ie – une e • t • ée – un • is • u – sy • t • éti • ue – un dia • a • t li • pi • e – un • i • go • – un la • pa • ai • e – une e • p • ei • te

2

RECONSTITUER 5 mots de 2 syllabes avec les syllabes données.

MEN | EN | TIR | PLIR | SEMBLE | PER | SEN | REM | TREM | TIR

3

RECONSTITUER 5 verbes de 3 syllabes avec les syllabes données.

EM | TRAÎ | SA | EM | BAR | MAN | EN | NER | EM | BLER

CHER | MÊ | QUER | LER | EN

4

ECRIRE in ou **im, yn** ou **ym** à la place des pointillés.

a)		b)	
........capable	........passible	une s........phonie	un s........ptôme
........probable	........terminable	un s........dic	une s........cope
........trouvable	........battable	un s........bole	le t........pan
........pensable	........connu (e)	un s........thétiseur	un l........chage

5

SOULIGNER tous les mots où la règle est appliquée. Quel est le seul mot où elle ne l'est pas ?

Savoir camper

Savoir camper ne s'improvise pas. Une règle importante : ne pas emporter un matériel trop encombrant, se borner à l'essentiel. Néanmoins, la qualité, dans ce domaine, primera. Dresser sa tente au bon endroit, faire une flambée de bois sec, mettre ses provisions à l'abri s'apprend facilement. Sans ces connaissances élémentaires, on risque d'avoir des aliments immangeables, des boissons imbuvables, un sommeil troublé et agité.

A retenir : **Les mots de la même famille**

Famille de

terre

terr/e
terr/ain
terr/assier
terr/ier
terr/eau
en/terr/er
en/terr/ement
sou/terr/ain
at/terr/ir
at/terr/issage

Le radical /terr/ est commun à tous les mots de la famille

honneur

honn/eur
honn/ête
honn/êteté
honn/êtement
dés/honn/ête
dés/honn/eur
mal/honn/ête
mal/honn/êteté
mal/honn/êtement

honor/er
honor/able
honor/abilité
honor/ablement
honor/aire
honor/ifique
honor/ifiquement
dés/honor/er
dés/honor/ant (e)

Le radical /honn/ *est commun à la 1re série de mots* **(2 n)**, *le radical* /honor/ *est commun à la 2e série de mots* **(1 n)**.

battre

batt/re
batt/eur
batt/age
batt/erie
batt/ement
batt/oir
com/batt/re
dé/batt/re
im/batt/able

bat/ailler
bat/ailleur
com/bat/if
com/bat/ivité

Le radical a tantôt **1 t**, *tantôt* **2 t**.

quatre

quat/re
quat/rième
quat/uor
quat/ernaire
quat/orze

quar/ante
quar/antaine
quar/antième
quar/tier

quadr/ille
quadr/ilatère
quadr/upède
quadr/agénaire

carr/é
carr/efour
carr/ure
carr/eau

Plusieurs radicaux d'orthographe différente.

Remarques

Ain, assier, ier, eur, able… sont des **suffixes** qui ont servi à former les mots dérivés de terre, de honneur.
En, sou, dés, mal… sont des **préfixes** qui ont servi à former les mots composés de terre, de honneur.

1

AJOUTER des mots de la même famille à chaque ligne.

monnaie – monnayer – .... – faux-..........

monétaire – .... – dém.................... – ....

Dans cette famille les mots n'ont que **1 n** quand on entend la lettre ....

sûr – sûr.................... – ....

as/surer – as/sur.......... – r/ass.................... – réass..........

Dans cette famille tous les mots préfixés n'ont plus ....

2

CROISER les mots donnés avec des mots de la même famille qui ont perdu leurs voyelles.

COURIR

• CC • • R • R

S • C • • R • ST •

C • • RR • • R

C • • RS • • R

MER

M • R • •

M • R • Y • • R

M • R • T • M •

• M • RR • R

M • R • N

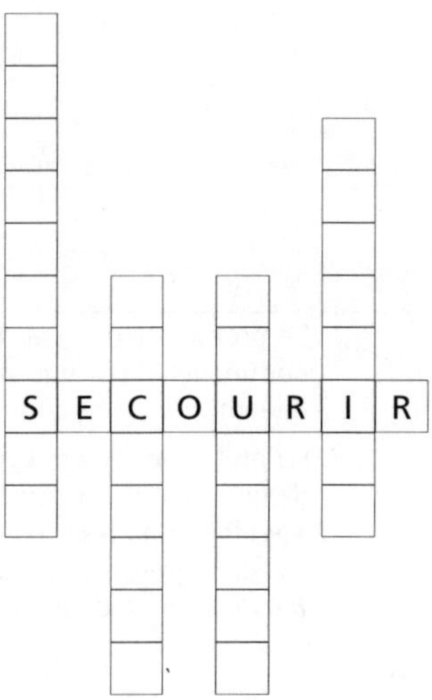

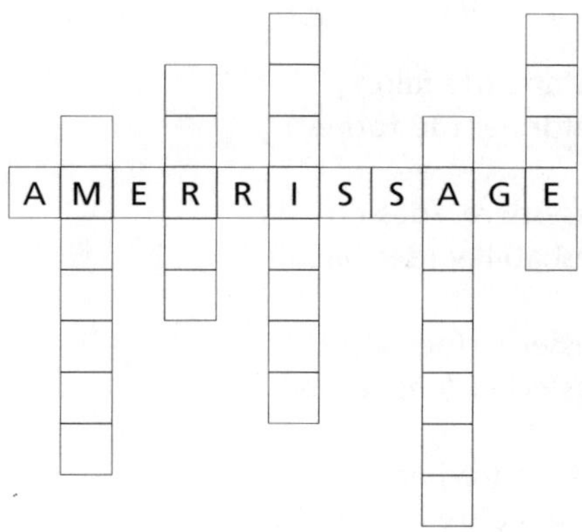

A retenir : **Des préfixes**

Lire et observer

enivrer (en-ivre) – **1 n**
enneiger (en-neiger) – **2 n**
emporter (em-porter) – **1 m**
emmener (em-mener) – **2 m**
irréparable (ir-réparable) – **2 r**
irresponsable (ir-responsable) – **2 r**

inexcusable (in-excusable) – **1 n**
inhumain (in-humain) – **1 n**
impossible (im-possible) – **1 m**
innombrable (in-nombrable) – **2 n**
immortel (im-mortel) – **2 m**
illisible (il-lisible) – **2 l**
illimité (il-limité) – **2 l**

Retenir

1. Le préfixe négatif **in** devient **im** devant un radical commençant par **b, m** ou **p** (voir page 158).
2. Le préfixe négatif **in** devient **il** devant un radical commençant par **l** et il devient **ir** devant un radical commençant par **r**.
3. Le préfixe **en** devient **em** devant un radical commençant par **b, m, p**.

défaire (dé-faire)
déformer (dé-former)

désespérer (dés-espérer)
déshabiller (dés-habiller)

desserrer (des-serrer
dessécher (des-sécher)

refaire (re-faire)
reconnaître (re-connaître)

réentendre (ré-entendre)
réhabituer (ré-habituer)

rattraper (r-attraper)
rhabiller (r-habiller)
ressortir (res-sortir)
resserrer (res-serrer)

Retenir

1. Le préfixe **dé** devient **dés** devant un radical commençant par une **voyelle** ou un **h**, et **des** devant un radical commençant par **s.**
2. Le préfixe **re** devient **ré** ou **r** le plus souvent devant un radical commençant par une **voyelle** ou un **h** et il devient **res** devant un radical commençant par **s.**
Exceptions : rehausser, resaler, resalir (**1 s**).

Remarques

1. La lettre **e** n'est jamais accentuée devant une consonne double : dessécher, desserrer...
2. Deux noms n'ont pas de contraire : un désinfectant ; un désodorisant (ou déodorant).

1

TROUVER un verbe à partir du mot donné. Se servir des préfixes **en** ou **em**.
Exemple : capuchon – encapuchonner

maillot	cercle	brouille
boîte	ménage	bras
bouteille	courage	cadre
magasin	manche	caisse
bouche	branche	mêlée

2

ECRIRE le contraire du mot proposé. Se servir des préfixes :
– **in** ou **im**

abordable ⟶ .... patient ⟶ ....
.... ⟵ inacceptable .... ⟵ impur
attaquable ⟶ .... nommable ⟶ ....
.... ⟵ inavouable .... ⟵ immortel
prévoyant ⟶ .... mangeable ⟶ ....

– **ir** ou **il**

réalisable ⟶ .... légal ⟶ ....
.... ⟵ irrecevable .... ⟵ illettré
récupérable ⟶ .... logique ⟶ ....
.... ⟵ irréfléchi .... ⟵ illisible
remplaçable ⟶ .... limité ⟶ ....

3

DONNER le contraire du verbe proposé. Se servir des préfixes **dé, dés, des.**

coudre	accorder	habituer
abonner	infecter	hériter
saisir	consigner	graisser
saouler	saler	composer

A retenir : Les adjectifs numéraux et leurs dérivés

Adjectifs numéraux ordinaux	*Adjectifs numéraux cardinaux*			*Noms*	
premier	un	onze			l'unité
deuxième	deux	douze		une douzaine	le double, le demi
			vingt	une vingtaine	
troisième	trois	treize	trente	une trentaine	le triple, le tiers
quatrième	quatre	quatorze	quarante	une quarantaine	le quadruple le quart
cinquième	cinq	quinze	cinquante	une cinquantaine	le quintuple
sixième	six	seize	soixante	une soixantaine	
septième	sept	dix-sept	soixante-dix (septante*)		
huitième	huit	dix-huit	quatre-vingts (octante*) (huitante*)	une huitaine	
neuvième	neuf	dix-neuf	quatre-vingt-dix (nonante*)		
dixième	dix			une dizaine	le décuple
centième			cent	une centaine	le centuple

Pour retenir

1. Lire chaque ligne de gauche à droite et observer les relations orthographiques propres à la famille de mots.
   Exemples : troisième, trois ; trente, trentaine…
2. Lire chaque colonne de haut en bas et observer les analogies orthographiques.
   Exemples : onze, douze ; treize, seize ; quarante, cinquante, soixante ; douzaine, vingtaine, trentaine…

A retenir : **Mots et expressions invariables**

dans
dedans
sans

là
çà et là[1]
là-bas
voilà
déjà

aussi
ainsi
parmi
voici
ici

tôt
sitôt
aussitôt
bientôt
tantôt
plutôt

malgré

peu à peu
un peu
de peu
sous peu
très peu

près de
après
auprès de
exprès
très
dès (que)

alors
lors de
lorsque
dès lors
hors
dehors

longtemps
à temps
de temps en temps
en même temps
tout le temps

guère
naguère

quand

tant
autant
pourtant
tant et plus
tant mieux
tant pis
tant que

moins
au moins
néanmoins
mais
jamais
désormais

puis
depuis

(en) sus
dessus
au-dessus
par-dessus
ci-dessus
là-dessus

pendant
cependant
durant
maintenant

autrefois
parfois
quelquefois
toutefois

jadis
tandis que

vers
envers
à travers
au travers

sous
dessous
au-dessous
par-dessous
ci-dessous
là-dessous

toujours

ailleurs
plusieurs

avant
devant
auparavant
dorénavant
davantage

aujourd'hui
hier

demain
soudain
loin

assez
chez

plus
volontiers
certes

partout
peut-être

trop
beaucoup

jusque
lorsque
presque
puisque

arrière
derrière

1. Idée de lieu, de temps (accent). ça : contraction de cela (pas d'accent). Ne touchez pas ça.

CORRIGÉS

Page 12

2 Un abbé est le supérieur d'une abbaye.

3 

Page 14

1 peinture à l'eau → aquarelle
cage pour poissons → aquarium
canal pour conduire l'eau → aqueduc
déchirure faite à un vêtement → accroc
une partie d'un paiement → acompte
arbre dont le bois est rouge foncé → acajou
traitement médical utilisant des aiguilles → acupuncture

2 ACCORD
ACCOUDOIR
ACACIA
ACCROC
ACRE
ACCOLADE
ACNE
ACCUEIL
ACROBATE
ACCOSTAGE

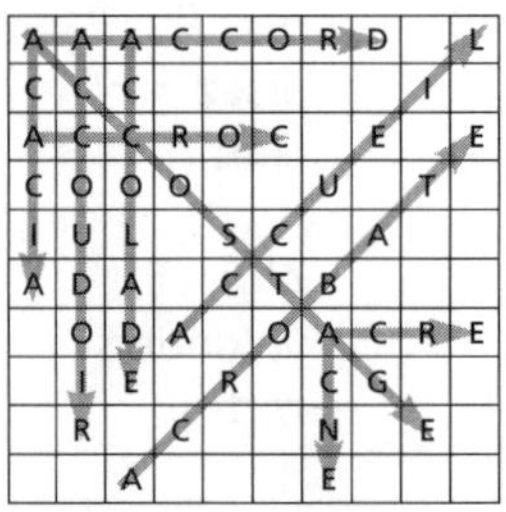

3 accompagné – accueil – accourus – acrobaties – acclamations – entr'acte – accord – acquérir.

Page 16

1

verbe + nom

adhérer / adhérence
admirer / admiration
administrer / administration

additionner / addition
adopter / adoption
adorer / adoration

verbe + adjectif

admettre / admissible
adapter / adaptable
adjoindre / adjoint
adresser / adroit

2 ADULTE
ADMONESTER
ADJONCTION
ADOLESCENCE
ADORATION
ADOPTION
ADAGIO

3 un adversaire – un adjudant – un adultère – une adjonction – un adoubement – une adoption – une adhésion – adieu.

Page 18

1 aphte → petite lésion dans la bouche
offrande → don volontaire
aphone → être sans voix
effraie → sorte de chouette
les affres → angoisse, tourment, torture
ophtalmologiste → médecin des yeux
effigie → image d'une personne
oflag → camp de prisonniers

2 affectation – effraction – officier – affût – effort – effigie – officine – effraie – affaire – offrande.

3 effondré – affirment – effectuer – offert – Africains.

Page 20

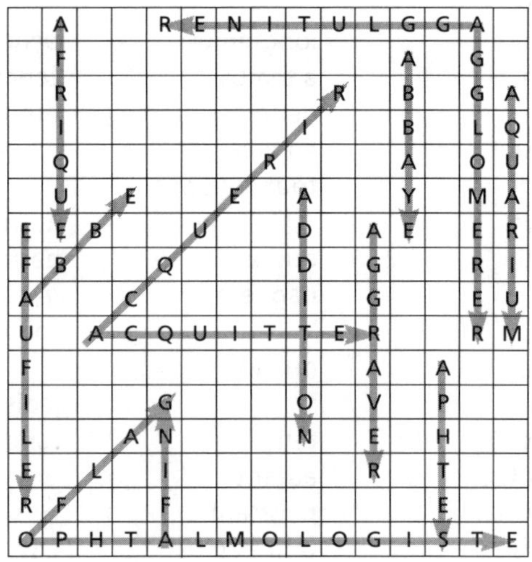

Page 22

1 amaigrissement – maigre ; une amarre – l'amarrage ; amélioration – meilleur – améliorant ; aménagement – ménage – aménageur ; amendable – amendement ; américain – Amérique ; mer – amerrissage ; amidon – amidonnage ; mince – amincissement ; amortisseur – amortissement – amortissable

2 amygdale – ammoniaque – hamster – améthyste – amovible – hammam – amitié – hameau – haltérophile – hallucination

3 Dans un hammam on prend des bains de vapeur.

Page 24

1. paire – parent – peser – prendre – point – porter – poser-pose – proche – provision

2.

A	P	E	R	C	E	V	O	I	R
P	A	P	A	I	S	E	R		
I	P	A	P	E	A	P	P	Â	T
T	L	P	L	A	P	L	O	M	B
O	A	E	A	P	E	A	P	T	E
Y	N	U	T	P	R	P	O	N	T
E	I	R	I	E	I	P	I		
R	R	E	R	T	T	R	N		
A	P	R	E	I	I	I	T		
				T	F	S			

Page 26

1. arabica – aristocrate – haricot – aréopage – arithmétique – haridelle – harissa – arrière – arrogance – arrosoir

3. l'arrachage – d'arrêt – l'arrosage – araignées – l'arrivée – l'arôme

Page 28

1. élire – électriser – électrifier – électrocuter – s'élancer – élancer – élucider – éloigner

2.

verbe + adjectif
- élire / éligible
- électrifier / électrisant
- élire / élu
- éloigner / éloigné (participe passé)
- élucider / lucide

nom + adjectif
- élan / élancé
- électroaimant / électrique
- éloquence / éloquent
- élimination / éliminatoire
- électronique / électronique
- élastique / élastique

3.

E	H	E	L	I	C	O	P	T	E	R	E
L	E	E									L
E	L	E	L	O	C	U	T	I	O	N	E
C	L			I			O				P
T	E				C	D					H
O	N				A	E	L	O	G	E	A
R	E			R							N
A			O								T
T	E	D	O	R	T	C	E	L	E		E
E	L	L	I	P	S	E					A
E											U

Page 30

1. IMAGE – IMITER – IMMEUBLE – IMMERSION – IMITATEUR – IMMOLATION – IMMORTALITÉ

2. imminence – immobilisme – immondices – immeubles – imagination – immense

Page 32

1. siffler – souffrir – suffoquer – siffloter – soufrer – siphonner – souffler – suffire

2. Le train sifflera trois fois.

3. Suffoquer de douleur.
Couper le sifflet à quelqu'un.
Souffler comme un bœuf.

4. sifflement – siffler – sifflet – siffleur – sifflotant

Page 34

1.

S	U	P	E	R	C	H	E	R	I	E				S
U	I						H	A	M	E	A	U	U	U
P	N	F							A			P		P
R	O	S	I	P	H	O	N		G	R	E			P
A	I	G	M	L					E	R				U
T	T	A	A		E			S	R					R
E	I	L	M			T	O	E						A
R	S	F	M			P	S	H	A	P	P	E	R	T
R	O	O	A		P	I	U	U					S	I
E	P	T	H	U	V	M	P		P				O	O
S	R	Ô	S	R		I	R			I			U	N
T	E	P	E			T	Ê				O		F	
R	P	P				E	M					N	R	
E	U	U				R	E						E	
S	S	S	U	P	P	L	E	A	N	T				

2. suppléant – suppôts – supercheries – superviser – supions – supermarché – supplice – suprême – supprimait – suppléance

Page 39

1. insouciant – logement – paon – entraînement – déguisement – éternuement – quotient – étang – établissement – encens

2. calmant – applaudir – gouverner – rafraîchissement – frémissement – vivant – durcir – mourir – plier – éclaircissement – tranchant – déguiser

3. vent – hurlant – tournoyant – virevoltant – avant – époussetant – affolant – passants – gens – enfants – printemps – méchant

Page 41

1 1. HARMONICA – 2. VERGLAS – 3. TOMBOLA – 4. TABAC – 5. TIBIA – 6. CADENAS – 7. AGENDA – 8. DELTA

2

brassard	débattre
débarras	pas
plateau	éclater
matelas	drap
ratière	amasser

3 boa – cobra – repas – d'abats – chipolatas – cervelas – choucas – chasselas – nougat – muscat – repas – yoga – cobra – trépas – estomac – boa – tabac

Page 43

1 1. RENARD – 2. PÉTARD – 3. TINTAMARRE – 4. MILLIARD – 5. REMPART – 6. DARD – 7. DOSSARD – 8. PHARE.

2

partage	barreau
artiste	bagarreur
écarter	guitariste
chariot	avarice
vantardise	cigarette

3 chauffard – fardeau – domino – novicité – théière
cuissard – sardine – dynamo – modèle – délicat
smicard – carton – tondu – durée – raisin
cigare – garnement – mensonge – songer – géographie

Page 45

1 préface – place – populace – dédicace – grimace – fougasse – paperasse – perspicace – coriace – hommasse

2 POTASSE
CALEBASSE
DÉDICACE
PLEXIGLAS
ÉCHASSE
CUIRASSE
RAPACE
SURFACE
BARCASSE
BESACE

E	E	R	P	O	T	A	S	S	E
C	C	A	L	E	B	A	S	S	E
H	A	P					S		S
A	S	A				A			S
S	E	C			R			U	A
S	B	E		I			R		C
E			U			F			R
		C			A				A
D	E	D	I	C	A	C	E		B
	P	L	E	X	I	G	L	A	S

3 face – grimace – contrebasse – paillasse – vivace

4 La mer des Sargasses au large des côtes de la Floride.

Page 47

1

noms	*adjectifs*
obligeance	puissants
fréquence	vigilants
indépendance	turbulents
inconscience	violents
naissance	convalescent

3 insolence – méfiance – médisance – violences – impatiences – fréquence – sens – souffrance

Page 50

1 1. DÉJEUNER – 2. DRAGÉE – 3. FRAMBOISIER
4. FROMAGER – 5. CHAUSSÉE – 6. CITRONNIER
7. MÊLÉE – 8. DÉFILÉ – 9. GIBOULÉE – 10. ORANGER

2 lycée – quartier – pavés – marronniers – marché – chaussée – boutiquiers – pâtissier

Page 53

1

près	très	la laie	un ballet
les frais	une raie	un legs	la maie
le fret	un jet	les lais	un mets
un têt	le guet	laid	mais
		du les	

2 jardin – tonneau – roi – coussin – garçon – poule – porc – pont – os

3

PALAIS	PAGAIE	PORCELET
FUTAIE	TABOURET	INTÉRÊT
CHÊNAIE	INSUCCÈS	

Page 55

1

R	I	T	O	U	R	N	E	L	L	E	I
I		O				O		O			N
B	O	N		M	O	U		G			D
A		N		O		V		I			U
M	I	E	L	T		E		C			S
B	E	L	L	E		L	C	I	E	L	T
E		L		L		L		E		A	R
L		E	E	C	H	E	L	L	E	B	I
L	C	O	C	C	I	N	E	L	L	E	E
E	T	I	N	C	E	L	L	E		L	L
A	U	D	I	O	V	I	S	U	E	L	
				U							

2 appel – poubelle – ficelle – ruelle – semelle – marelle – violoncelle – mamelle – jumelle – hôtel – polichinelle – gazelle

3 gel – appel – fidèles – ruelle – zèle – rebelle – ribambelle

Page 57

1 la gêne – un chêne – l'haleine – une reine – un pêne – une scène – la cire – une dent – un mont

2 certains → certaine ; sains → saines ; vains → vaine ; anciens → ancienne ; pleines → pleins ; sereine → sereins.

3

OXYGÈNE	INDIGÈNE	CHÊNE
ARÈNE	PEINE	TROÈNE
DOLMEN	BALEINE	SCÈNE
SPÉCIMEN	PÊNE	SIRÈNE

Page 60

1

scolarité	commissariat	vulgarité
secrétariat	salarié	aérer
lunatique	clarté	

2 hebdomadaire – paupière – tonnerre – polyester – camembert – atmosphère – hôtelière – lampadaire – sexagénaire – salaire

3 primaire – rivière – repaire – lumière – caractères – fonctionnaire – militaire – fier – concert – hebdomadaire – poker – verre – sylvaner

Page 62

1 1. kermesse – 2. bouillabaisse – 3. pauvresse – 4. hôtesse – 5. hardiesse – 6. tresse.

2 délicate – faible – gentille – grosse – sèche – molle – souple – rude – tendre – fine – triste – jolie – robuste – pauvre – étroite

3 a) faux ; b) faux ; c) vrai ; d) faux ; e) vrai ; f) faux.

Page 64

1 un athlète – athlétique
interpréter – un interprète
la diète – une diététicienne
une arbalète – un arbalétrier
une planète – le planétarium
une poétesse – un poète
le proxénétisme – un proxénète
le diabète – un diabétique

2 a) vrai ; b) vrai ; c) faux ; d) faux ; e) vrai ; f) vrai.

3 sucette – gaufrette – serviette – conquête – vedette – allumettes – poussette – défaite – planète

Page 66

1 cheveu – queue – vieux – nœud – hors-jeu – chef-lieu – banlieue – adieu – ambitieux – vaniteux

2 neveux – banlieues – enjeux – pneus – rouges-queues – contagieux – bœufs – cordons-bleus – ambitieux – nœuds

3 chanceux – joyeux – brumeux – vertigineux – paresseux – courageux – sourcilleux – orageux – nuageux – merveilleux – curieux – boueux

4 GRACIEUX
SOIGNEUX
AQUEUX
VIEUX
RUGUEUX

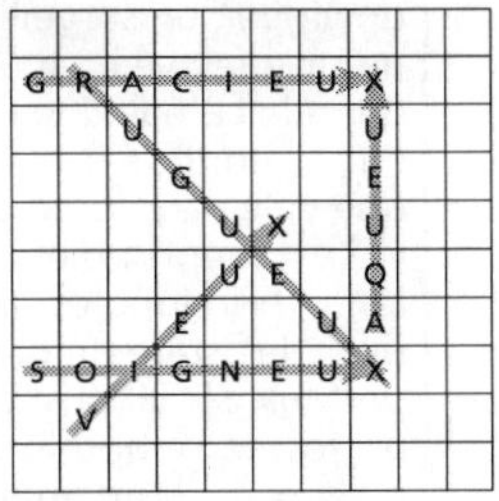

ESSIEU
COUVRE-FEU
MOYEU
ŒUFS
NŒUD

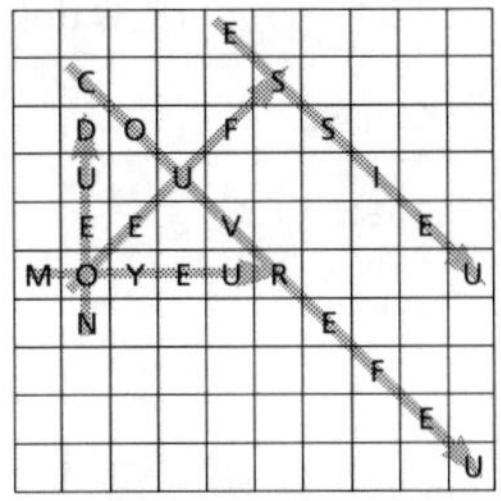

Page 68

1

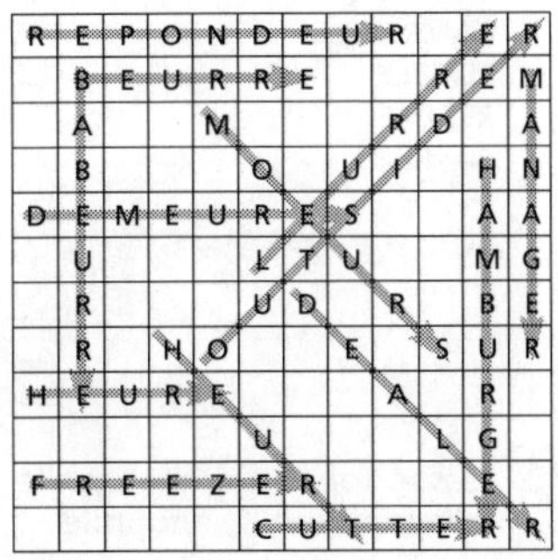

2 lenteur – pâleur – ardeur – coureur – nageur – patineur – footballeur – boxeur – cœur – hauteur – longueur – entraîneur – fraîcheur – vigueur – heures.

Page 70

1 crique – basilique – je mastique – plastic – pique – clique – brick – bique

2

MOUSTIQUE	LOUSTIC	ARSENIC
TRAFIC	MASTIC	DIAGNOSTIC
CRITIQUE	ALAMBIC	DOMESTIQUE
DÉCLIC	GÉNÉRIQUE	PÉRIODIQUE

3 catholique – automatique – diététique – esthétique – gothique – antique – atomique – thermique – théorique – utopique

4

PHYSIQUE	FÉERIQUE	LYRIQUE
COMIQUE	HYGIÉNIQUE	JUDAIQUE
BIOLOGIQUE	CATHOLIQUE	CUBIQUE

Page 73

2
un volatile : un oiseau
volatil (e) : qui s'évapore
un vigile : un surveillant
une vigile : veille d'une fête religieuse
du mil : céréale à petits grains
mille : nombre
une ville : agglomération
vil (e) : méprisable
le fil : brin long et fin d'un textile
une file : suite de personnes ou de choses
un faux cil : cil postiche
un fossile : empreinte d'une plante, d'un animal, conservée dans des dépôts sédimentaires

3 CHENIL
PISTIL
BABIL
EXIL
TERRIL

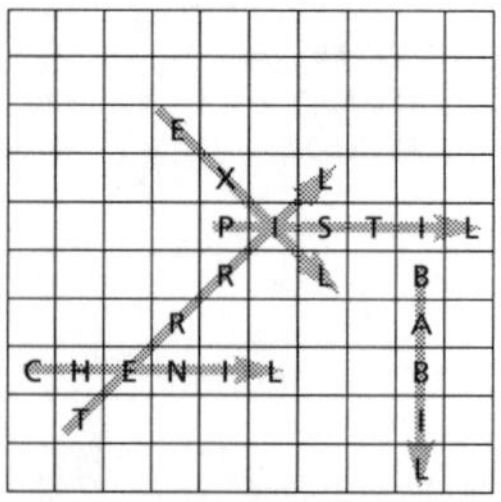

BISSEXTILE
CAMPANILE
TEXTILE
REPTILE
BACILLE

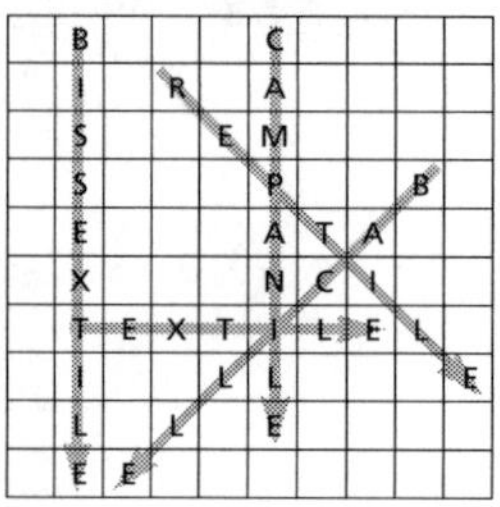

4 russophobe – germanophile – anglophobe – francophobe – xénophile

Page 75

1 CERCUEIL – ORGUEIL – FENOUIL – FAUTEUIL – ÉCUREUIL – GOUVERNAIL – SOUPIRAIL – ESPADRILLE

2
ÉMAIL	CONSEIL	FRIPOUILLE
CORAIL	GOUVERNAIL	FILLE

3 sommeil – fouille – fripouilles – soupirail – canaille – vadrouille – attirail – accueil

Page 77

1 maquisard – habitation – visser – production – tapisserie – aviser – literie – tamiser – rizière – banditisme – confiture

2 gazouillis – apprenti – cliquetis – récit – gâchis – fouillis – taillis – semis

3 nuit – lundi – mardi – lit – insomnie – minuit – bruit – cris – incendie – crucifix – esprit

4 INSOMNIE – PARAPLUIE – ENNEMI – APPRENTI – PARADIS – SAMEDI – MALADIE – BARBARIE

Page 79

1 a) faux ; b) faux ; c) vrai ; d) faux ; e) vrai ; f) vrai ; g) vrai ; h) vrai.

2 bisser – esquisse – lire – séductrice – simuler – cicatrice – noter – éducatrice

3
CAPRICE	SAUCISSE	VARICE
BÉNÉFICE	SPECTATRICE	OASIS ou PISSE
BIENFAITRICE	JUSTICE	
ÉCREVISSE	JAUNISSE	

Page 82

1 sein – ceint – seing – cinq billes – saint ; main – maint ; pain – pin ; faim – fin ; marocain – maroquin ; point – poing ; plaint – plein ; vin – vain ; crin – craint ; serin – serein ; coin – coing

2 pointe, pointure – instinctif – sanguinaire – certaine, certainement – orpheline, orphelinat – maroquinerie

3 quotidiens – matin – mien – contient – lointains – écrivain – techniciens – informaticiens – électroniciens – mécaniciens – électriciens – moyen

Page 85

1 *Habillement :* maillot – tricot – manteau – trousseau – sarrau – paletot
Hygiène : eau – lavabo
Nourriture : cacao – abricot – escargot – gigot – haricot – sirop – aulx – os – agneau – eau – gâteau – poireau – artichaut
Navigation : cargo – hublot – canot – paquebot – des canaux
Jeu : loto – lot
Cheval : sabot – trot – galop – des chevaux

2 gigoter – crochet – osseux, ossature – dossier – accrocher – grelotter – proposer, proposition – poterie, potée – saboter – galoper – se reposer – abricotier – cahoter – tricoter – raboter, rabotage – sirupeux – canoter, canotage – trotter

3 poireaux – museau – haricots – artichauts – escargots – gigot d'agneau – livarot – poires au sirop – gâteau au chocolat – eau d'Evian – vin de Bordeaux – château Haut-Pouillot

Page 87

1 rasoir – passoire – mangeoire – conservatoire – nageoire – espoir – plantoir – balançoire –

grattoir – mâchoire – rôtissoire – bouilloire

2 1. égouttoir – 2. conservatoire – 3. miroir – 4. remontoir – 5. trottoir – 6. territoire.

3 couloirs – soir – noir – réfectoire – observatoire – espoir – recevoir – déboires – désespoirs – croire – loir

Page 89

1 pois – poids ; foi – foie – fois ; soie – soi – soit ; moi – mois ; voie – voix.

2 la droite, la droiture – la froidure, froide – une exploitation, exploiter – le doigté – une boiserie, boiser – une bourgeoise – mensuel – une villageoise – pavoiser

3 Trouver sa voie.
Rester sans voix.
Avoir la foi.
Manger du foie.

4 froid – roi – Blois – émoi – choix – convoi – voies – villageois – patois – joie

Page 92

1 un personnel bénévole – des serveuses bénévoles – une conductrice bénévole
des serres horticoles – une région horticole – un terrain horticole
une ville espagnole – des vins espagnols – un coureur espagnol
une entreprise vinicole – des ouvriers vinicoles – des ressources vinicoles
un mol édredon – une molle activité – des pâtes molles

2 PÔLE
MÔLE
CONTRÔLE
<u>GAULE</u>
SAULE
GIROLLE
COROLLE
<u>GOAL</u>
ATOLL
ALCOOL

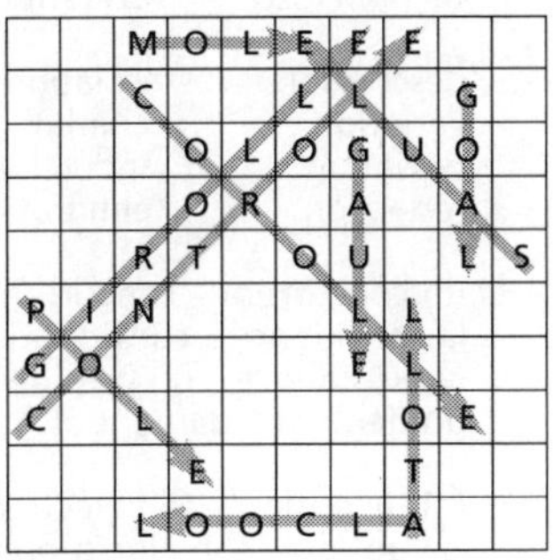

Page 95

1 un homme – un mobile home
un home – les hommes
le forum – un forum
le faux rhum – du rhum
l'arum – l'arôme

2 PODIUM
RÉFÉRENDUM
SOLARIUM
SUMMUM
SÉRUM
PAUME
ROYAUME
BAUME
GASTRONOME
VÉLODROME

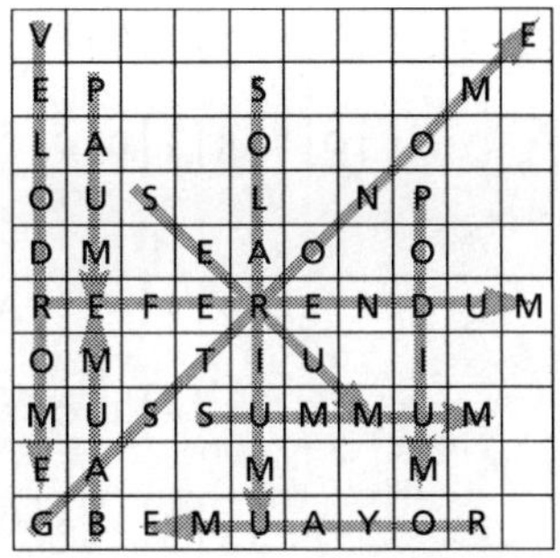

Page 98

1
amidon	aviron	ascension
bidon	coron	excursion
chardon	forgeron	expansion
cordon	liseron	pension
guéridon	percheron	perversion
pardon	tâcheron	tension
fraction	boisson	jonction
caisson	mention	calisson
portion	paillasson	ration
tesson	transition	unisson

2 la frontière – le mont – un ponton – un affront – la longueur – la profondeur – le rebond – arrondir – un jonc – tronçonner

3
AIGLON	BOTTILLON	MOINILLON
CLOCHETON	CHARRETON	MÉDAILLON
GRAVILLON	OISILLON	NÉGRILLON
GIRAFON	CARAFON	TAURILLON

Page 100

1
bouillonner	collectionner	action
trône	additionner	tamponner
provision	tronçon	fusionner
raisonner		

2
gazonner	empoissonner	maçon
espion	harponner	téléphoner
fraction	soupçon	empoisonner
visionner		

3 détonne – les pétards détonent – qui détonne – qui détonne – le mélange gazeux détone

4 RAISONNEUR – RAISONNABLE – RAISONNEMENT – RAISON – RÉSONANCE

Page 103

1 un port – un pore ; un cor – le corps ; le sort – saur ; l'or – hors ; un lord – lors ; le chlore – clore ; un mort – le maure – le mors ; un fort – for – fors.

2
la bordure	portuaire	nordique
le sortilège	raccorder	tortueux
morsure	la mortalité	confortable
une fortification	sportif	une décoration

3

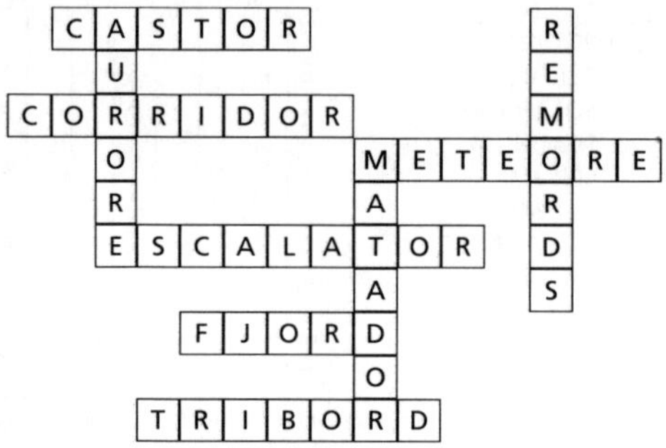

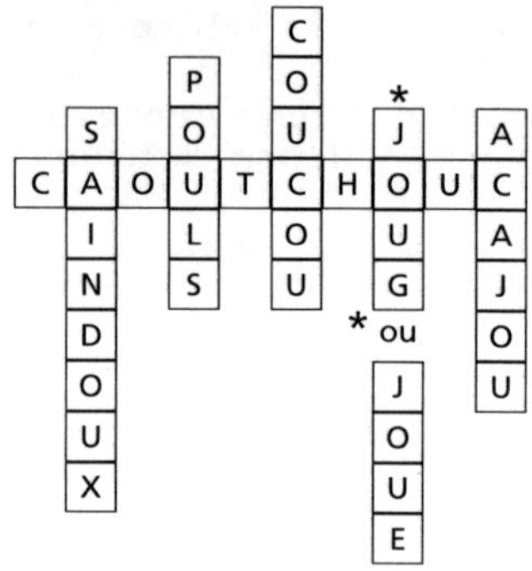

Page 105

1 l'amour – un petit-four – un troubadour – le faubourg – un secours (ou velours) – un discours – un bonjour – le court (ou cours) – un vautour – un carrefour

2 gourds – gourde – gourds
sourdes – sourds – sourde
lourde – lourdes – lourds
courts – court – courte

3 KIPPOUR EST UNE FÊTE JUIVE DE PÉNITENCE APPELÉE AUSSI GRAND PARDON

4 des alentours verdoyants, reposants
des mamours pressants, incessants
des atours somptueux, éblouissants

Page 107

1

les cous	des coups	un pou
un loup	des matous	des époux
un ripou	le remous	les genoux
des rendez-vous	un verrou	un garde-boue

2

Page 109

1

amorçage	nuance	adresse	paresse
déplacement	pince	caisse	mousse
exercice	pièce	graisse	chaussure
force	sauce	tapis	os

2 PROPULSER – TRANSPERCER – RÉCOMPENSER – BOULEVERSER – RECENSER

3

DISTANCER	COURSER	OFFENSER
MENACER	RAPIÉCER	PARESSER
EXERCER	DÉBOURSER	
GRAISSER	TRESSER	

4 sa gentillesse force – le nouveau joueur encaisse – le patron brosse – se débarrasser de toute retenue.

Page 111

1

diplomate	prophète	infection
aristocrate	idiot	ambition
bureaucrate	grâce	malice
technocrate	prétention	superstition

2

description	isolation	destruction
variation	animation	aspiration
déviation	séduction	sensation
rédaction	émigration	cessation

3 un concurrent – concurrentiel
la confidence – confidentiel
la présidence – un président
un dément – démentiel

4 fait irruption – son élection – une motion – sa potion – son élocution

Page 113

1

rare	la sobriété	antique
la responsabilité	intrépide	la nouveauté
sonore	la méchanceté	solidaire
l'hospitalité	possible	

2 l'invitée – de monter – il faut dicter – la jetée –

téter – sa dictée – à jeter – la tétée de bébé – nous inviter – la montée

3 a) EN AMITIÉ COMME DANS LA PITIÉ
b) IL NE FAUT RIEN FAIRE À MOITIÉ

Page 116

1

intrusion	institution	futaie	bizutage
refuser	chahuter	chalutier	buter
recluse	salutation	attribution	fluxion

2

déclaration confuse	habitation cossue
paroles confuses	intérieurs cossus
discours confus	appartement cossu
propos confus	maisons cossues

3 INDIVIDU
RÉSIDU
MALENTENDU
VERRUE
COHUE
STATUE
ABUS
SURPLUS
CHAHUT
REBUT

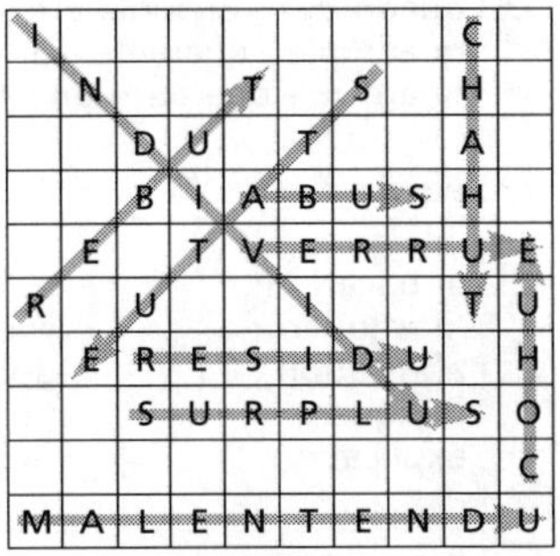

Page 118

1

monticule	fascicule	particule	capsule
hercule	globule	péninsule	pellicule
noctambule	somnambule	molécule	canicule

2 ÊTRE SUR LES ROTULES
AVALER LA PILULE
LES PRÉCIEUSES RIDICULES
NUL N'EST PROPHÈTE EN SON PAYS

3 un véhicule – la plantule – crédule – les globules – une bulle – un somnambule

Page 120

1

bordure	capture	courbure
bouture	censure	carrure
doublure	encolure	figure

2

durs	mûres	sûre
pure	impures	dure
sûrs	future	mûr

3 mur de clôture – fémur – le clair-obscur – au fur et à mesure – aventure – Côte d'Azur

4 TROUVER CHAUSSURE À SON PIED
QUI VEUT VOYAGER LOIN MÉNAGE SA MONTURE
L'HOMME EST LA MESURE DE TOUTE CHOSE

Page 124

1 L'OCCIDENT EST À L'OPPOSÉ DE L'ORIENT
LE BULOT EST AUSSI APPELÉ BUCCIN
PAR PLAISANTERIE, TUER C'EST OCCIRE

2

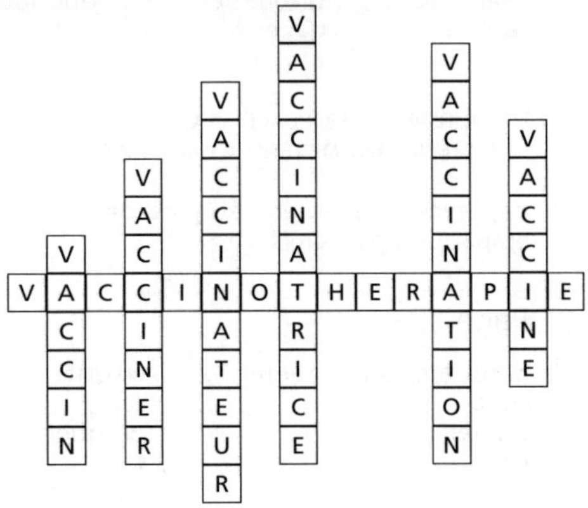

3 réception – cuisine – café – coin – rincé – placard – cour – leçon – ce – accidents – accepterait

Page 126

1

un licenciement	le paiement
congédier	zézayer
un ralliement	le vouvoiement
manier	nettoyer
un balbutiement	le flamboiement
secouer	convoyer

2

le rassasiement	le louvoiement
un enrouement	l'ondoiement
le reniement	le rudoiement
le rapatriement	le tournoiement

3 a) un crucifiement
b) le blanchiment

Page 128

1

mamelle	chapelier	dentelure
cervelet	ruissellement	coutellerie
étincelle	ficelle	mamelon
chapellerie	dentelle	cervelle
ruisselet	coutelier	étincelant
ficelage		

2 NIVELLEMENT – NIVELEUSE
BATELIER – BATELLERIE
CHAMELIER – CHAMELLE
TONNELET – TONNELLE

3 hôtellerie – étincelants – chandeliers – dentelle – vaisselle – vaisselier – hôtelier – chandelles

Page 129

1

canette
lunetier
fourchette
charrette
caneton
lunettes
fourchetée
charretier
coquetterie
briquetier
gazette
étiqueter
coquetier
briquette
gazetier
étiquette

2 LE JOURNAL A REMPLACÉ LA GAZETTE
LE GAZETIER EST DEVENU JOURNALISTE

3 papeterie – papetier – étiquetage – empaquetage – clochette

Page 131

1

becqueter ou béqueter
choc
arquer
troc
craquer
claquer
sac
parquer
talc
truquer

2 eau et aqueduc – gaz et gazoduc – pétrole et oléoduc – route et viaduc
le faux couple : archiduc et arc

3 ÉCHO
ORCHIDÉE
ORCHESTRE
CHORALE
CHROMOSOME
CHAOS
CHRÉTIEN
CHRYSALIDE
CHOLÉRA
CHROME

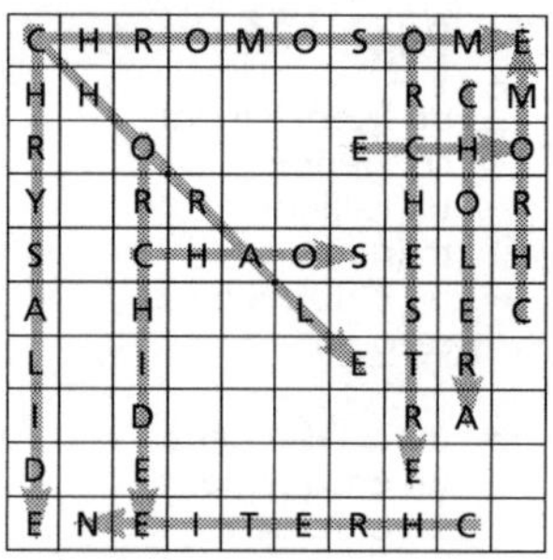

Page 133

1

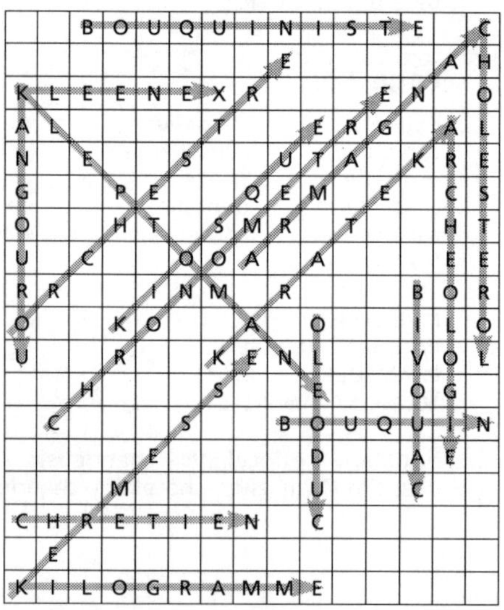

2 *Habillement :* képi – kilt – kimono – kippa – K-way – chapka – parka
Sport : karaté – kart – karting – kayak – kimono – knock-out – basket-ball – judoka – karatéka – cricket – hockey – jockey – break – canoë-kayak – crack – pack – starting-block
Nourriture : kaki – kasher – ketchup – kirsch – kiwi – kola – breakfast – moka – cocktail – steak – bifteck – bock – haddock – romsteck

Page 136

1 DÉTRAQUER – SYNDIQUER – TRAFIQUER – EXPLIQUER – MASTIQUER – REVENDIQUER – DÉCORTIQUER – DOMESTIQUER – ENTRECHOQUER – PRONOSTIQUER

2 quadriceps – quadrilatère – quadriréacteur – quadruple – quarante – quarantaine – quatuor – quatorze – quartier – quaternaire…

3 équipement

4

application
mastiquer
abdication
indiquer
explication
suffocation
évoquer
domestication
revendiquer
fabrication

Page 138

1

PHYSIONOMIE
MÉTAMORPHOSE
ORTHOPHONISTE
PHÉNOMÉNAL
SÉMAPHORE
PLANISPHÈRE
ATMOSPHÈRE
ÉCOGRAPHIE
GRAPHOLOGIE

2

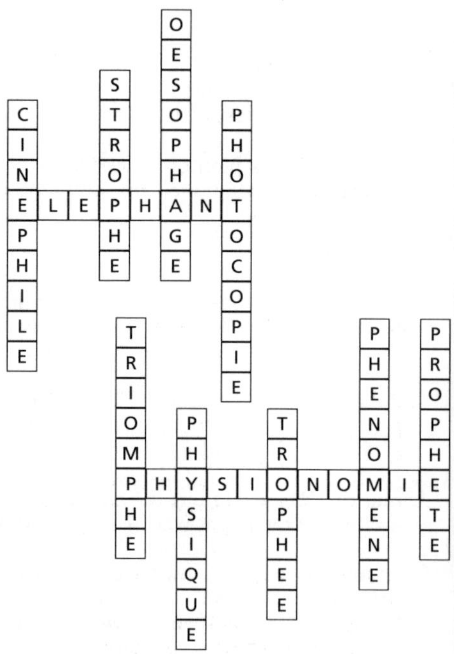

3 téléphone – magnétophone – parlophone – phonie
photographie – photocopie – photographe – photo-finish
physiologie – physionomie – physiologiste – physionomiste

Page 140

1 bourgade – brigand – digue – baguette – fourgon – bougainvillée – guide – naguère – ragoût – Bourguignon

2 une angine – la rougeole – l'obligeance – un fugitif – la gymnastique – le cagibi – un bourgeon – l'intransigeance – une sauvageonne – une gingivite

3 a) le hareng b) un parpaing

Page 144

1 horaire – horodateur – horokilométrique – horodaté
heurt – heurter – heurtoir
humide – humidifier – humidification – humecter – humectage
hériter – héritage – héritier
bonheur – malheur – heur – heureux
athlète – athlétisme – athlétique
théorie – théorique – théoriquement – théoriser
exhiber – exhibition – exhibitionniste – exhibitionnisme

2 humanité – inhumain – humaniste – inhumainement – déshumaniser – déshumanisation – humainement – humanisation

3 HOMO HOMINI LUPUS
L'HOMME EST UN LOUP POUR L'HOMME

4
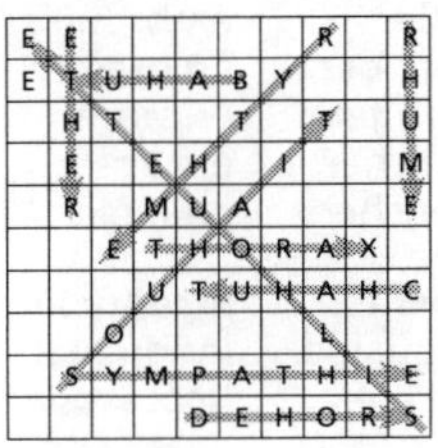

Page 146

1 conter – coup – je loue – trot – chant – quand – cèpe – cap – comte ou compte – sept ou cet, cette

2 abrupt → difficile à escalader
biceps → muscle
rapt → enlèvement criminel
handicap → désavantage, infirmité
cèpe → champignon

3 batelier – baptême – comptoir – conteur – dompteuse – donjon – cultivateur – sculpture – acompte – affrontement – monture – promptitude – septième – centième

4 CAPTEUR
SEPTEMBRE
HANDICAP
SEPTENNAT
TRICEPS

SCULPTURE
PROMPT
BAPTISER
COMPTOIR
SPARADRAP

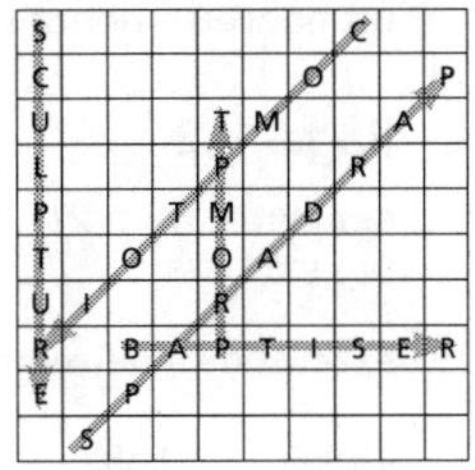

Page 148

1 a) bourse, danse, dépense, pansement, pension, soir, conservatoire, versement
b) crise, base, cousine, musique, misère, ruse, rosée, fusée

2 a) caisse, moisson, tresse, cassure, baisser, tendresse, écrevisse, bosse
b) chaise, raison, mesure, friteuse, baiser, casier, valise, pose

3 LA DISCIPLINE EST LA FORCE PRINCIPALE DES ARMÉES
SCIENCE SANS CONSCIENCE N'EST QUE RUINE DE L'ÂME

4 ADOLESCENT
SCORE
SCIENCE
SCÉNARIO
PISCINE

FRIMOUSSE
REPASSER
ASSISE
ASSIETTE
MESSAGE

Page 150

1 haïssable – haineux – la haine – haï (e) – je hais (présent) – nous haïssions – tu haïs (passé simple) – il est haï – ils haïront – qu'ils haïssent

2 ambigu – exiguë – contiguë – aigu

3 le paganisme – païen ; un œuf – ovoïde ; un héros – héroïque ; une hélice – hélicoïdal ; un hébreu – hébraïque.

Page 152

1 EXAMINER UN TEXTE / EXPÉDIER UN TÉLEX / EXIGER DES EXCUSES

2 exactitude – deuxième – textile – exotique – thorax

3

INDEX	LARYNX	EXTÉRIEUR	SOLEX
DUPLEX	EXCELLENT	EXCESSIF	EXPLOSIF

Page 155

1 synagogue – plastique – cylindre – pinède
siphon – stylo – circulaire – pylône
lycée – Nylon – pygmée – diplomatie – mystère – nickel – tilleul – dynamite

2 crayon – layette – cuillère – caillot
maillon – paillette – écuyère – boyau

3

nettoiement	bégaiement	flamboyer
rougeoyer	côtoiement	apitoiement
chatoyer	déployer	ondoiement
rudoiement		

4 a) yoga (y = [j]) b) myopathie (y = [j])

Page 157

1 parasite – mazout – ciseaux – infusion – nazisme – bronzage – rasage – il nasille – horizontal – gazelle – cloison – gazon

2 gazoline → essence – gazogène → appareil qui ...
gazoduc → canalisation – gazinière → cuisinière
gazéification → état gazeux

3 Depuis une dizaine de minutes, le zoo est en émoi. Le chimpanzé, un drôle de zouave, s'est enfui et on le recherche dans tous les azimuts.

Page 159

1 un embouteillage – la bonté – une tromperie – une entrée – un tissu synthétique – un diamant limpide – un lingot – un lampadaire – une empreinte

2 MENTIR – REMPLIR – ENSEMBLE – SENTIR – TREMPER

3 ENTRAÎNER – EMBARQUER – EMMÊLER – EMMANCHER – ENSABLER

4

incapable	imbattable	symptôme
improbable	inconnu (e)	syncope
introuvable	symphonie	tympan
impensable	syndic	lynchage
impossible	symbole	
interminable	synthétiseur	

5 souligner : camper – s'improvise – importante – emporter – encombrant – une flambée – immangeables – imbuvables – sommeil
La règle n'est pas appliquée dans le mot néanmoins.

Page 161

1 monn/aie – monnayer – monneyage – faux-monneyeur
mon/étaire – monétiser – monétisation – démonétiser – démonétisation
... les mots n'ont que **1 n** quand on entend la lettre **t**.
sûr/ – sûreté – sûrement
as/sur/er – assurance – assurément – assureur – rassurer – réassurer – réassurance – rassurant (e)
... tous les mots préfixés n'ont plus de **û**.

2

courir		*mer*	
SECOURIR	COURRIER	AMERRISSAGE	MARITIME
ACCOURIR	COURSIER	MARÉE	AMERRIR
SECOURISTE		MAREYEUR	MARIN

Page 163

1

emmailloter	encercler	embrouiller
emboîter	emménager	embrasser
embouteiller	encourager	encadrer
emmagasiner	emmancher	encaisser
emboucher	embrancher	emmêler

2

inabordable	impatient	acceptable
pur	inattaquable	innommable
avouable	mortel	imprévoyant
immangeable		
irréalisable	illégal	recevable
lettré	irrécupérable	illogique
réfléchi	lisible	irremplaçable
illimité		

3

découdre	désaccorder	déshabituer
désabonner	désinfecter	déshériter
dessaisir	déconsigner	dégraisser
dessaouler	dessaler	décomposer

Achevé d'imprimer en Septembre 2004
sur les presses de l'imprimerie EMD S.A.S., 53110 Lassay-les-Châteaux
en France, N° dossier : 12600
N° d'éditeur : 682
N° de projet : 10118966